GERLINDE PLATZER

BODY & GOLF

IHRE PERSÖNLICHE SCHWUNGTHERAPIE

TIPPS
ZUR VERBESSERUNG IHRER
GOLF-PERFORMANCE

INHALTSVERZEICHNIS

Gerlinde Platzer, Wien
Textbegleitung: Corina Udvardi, Oliver Wurzer

Fotos: Andrei Meriä, Wien / Colony Club Gutenhof, Himberg
Models: Doris Deutsch, Oliver Wurzer, Thomas Säckl
Art Director: Thomas Säckl, Türnitz
Umschlaggestaltung: Thomas Säckl, Türnitz
Illustrationen: Thomas Säckl, Türnitz
Lektorat: Ilse Walter, Josef Schuchnig
Druck: RemaPrint, Wien

Physiotherapie Gerlinde Platzer:
1010 Wien, Elisabethstraße 22/1
Tel.: +43 1 587 19 971, Fax: +43 1 587 19 97

Printed in Austria
ISBN 3-00-011461-0

1. VORWORT

In letzter Zeit ist Golf auch in unseren Breiten immer populärer geworden und viele Menschen haben sich zum Golfspielen entschlossen. Einmal begonnen – und man ist vom Golfvirus infiziert. Es ist anfangs schwer verständlich, dass eine Sportart, die bei Könnern so einfach und mühelos wirkt, so schwierig ist. Mit dieser Einsicht beginnt für viele ein mühsamer und oft schwieriger Weg. Die Meinung, Golf sei ausschließlich ein Sport für ältere Semester, ist noch immer weit verbreitet. Das ist ein Irrglaube. Golf ist zwar eine Sportart, die man sehr wohl bis ins hohe Alter – sogar leistungsorientiert – ausüben kann, trotzdem gilt auch hier: Je früher Sie beginnen, desto größer sind die Chancen, ein guter Spieler zu werden. Einem jungen Spieler fällt die Drehung des Rumpfes leicht. Er nützt den natürlichen Schwung und schlägt den Ball ohne Kraft. Beobachten Sie einmal Kinder, wie locker und trotzdem weit sie den Ball schlagen. Erwachsene, die spät mit dem Golfspielen anfangen, glauben oft, dass der Ball nur mit vollem Krafteinsatz weit fliegt. Sie kommen jedoch bald zu der Einsicht, dass sie auf dem falschen Weg sind, allerdings brauchen sie meist auch länger, bis sie den komplizierten Bewegungsablauf und das notwendige Ballgefühl beherrschen. Ein Problem unserer Zeit ist, dass bei den meisten erwachsenen Menschen die Eigenwahrnehmung verkümmert. Sie verfügen nur über eine sehr gering ausgebildete Fähigkeit, die Bewegungen ihres eigenen Körpers sinnlich wahrzunehmen. Dadurch verlieren sie die Fähigkeit, den Körper richtig zu bewegen und zu kontrollieren. Sie müssen wieder lernen, wie die Fähigkeit der Eigenwahrnehmung verbessert werden kann und dadurch die Funktionen des Körpers bewusster und kontrollierbarer werden.

Mit der steigenden Zahl von Golfspielern kommt es leider auch zu einer wachsenden Anzahl Golfgeschädigter beziehungsweise zu einer Zunahme von Beschwerden, deren Ursache im Golfspiel zu suchen ist. Berufsbedingt bin ich gewohnt, Menschen in ihren Bewegungsabläufen zu beobachten. Auf dem Golfplatz wundere ich mich immer wieder, mit welchen Ausweichbewegungen manche doch ganz passabel Golf spielen. Irrtümlich wird diese Abweichung oft als persönliche Idealtechnik bezeichnet, aber meistens weichen sie nur bestehenden Schmerzsyndromen aus. Dazwischen sieht man diese Spieler auch immer wieder eigenartige Lockerungsbewegungen machen. Ihr Körper meldet sich wegen der falschen Belastung mit Unbehagen – zuerst nur mit Verspannungen, die mit Lockerungen zu beseitigen sind. Werden diese aber ignoriert, kommt es zu schmerzhaften Reaktionen.

Ihr Körper meldet und wehrt sich, wenn Sie ihn falsch belasten. Sie können jedoch etwas dagegen tun. Ihre Einsicht und Selbstbeobachtung sind ab jetzt sehr wichtig.

Der menschliche Körper ist sehr logisch konzipiert; Abweichungen von der hypothetischen Idealnorm bereiten Probleme und Schmerzen. Diese Abweichungen von Ihrer Haltung sind leicht zu erkennen und dadurch einfach zu korrigieren. Meiner Meinung nach sind diese Beschwerden leicht zu beheben: Ist ihre Ursache ein funktionelles Problem, können sie nur funktionell gelöst werden. Golfspieler müssen lernen, sich selbst kritisch zu beobachten und ihre Bewegungen zu kontrollieren. Bewusste Fehler können korrigiert werden.

Um stets Freude am Golfspiel zu haben, müssen Sie die richtigen körperlichen Voraussetzungen für diesen Sport schaffen.

Sie sollen mit Hilfe dieses Buches lernen, Ihre Fehler zu erkennen oder (noch besser) diese vorbeugend zu vermeiden. Ich sehe meine Aufgabe darin, Ihnen Ratschläge für Ihre Haltung, Ihre Bewegungsabläufe und Ihr Körperbewusstsein zu geben. Gleichzeitig möchte ich Ihnen sowohl Ihre Haltung als auch Ihre Bewegungen bewusst machen und mit Übungen Ihre Haltung und in der Folge – hoffentlich – Ihr Golfspiel verbessern. Wenn Sie Ihr Bewegungssystem besser verstehen und lernen, sich selbst zu korrigieren, werden Sie mehr Freude am Golfspiel haben. Das Buch kann und soll weder einen Arzt noch einen Pro ersetzen. Falls Probleme vorhanden sind: Versuchen Sie, diese so rasch wie möglich zu beseitigen, ohne den Schmerz zu ignorieren. Bei starken momentanen Schmerzen oder Schmerzen über einen längeren Zeitraum hinweg müssen Sie zum Abklären einen Arzt konsultieren.

Der Schmerz ist ein Warnsignal des Körpers und darf nicht ignoriert werden. Tritt der Schmerz während oder nach einer Bewegung auf, so ist fast immer eine Fehlbelastung und eine daraus resultierende Fehlfunktion die Ursache. Wenn man hier ansetzt und die Bewegung wieder harmonisiert, verschwindet auch der Schmerz bald. Daraus sieht man, dass die Funktion des Bewegungssystems von uns gesteuert werden kann und wir für unser Wohlbefinden selbst verantwortlich sind. Wir müssen uns die Zeit nehmen, um fit zu bleiben und in guter Form zu sein.

Damit Sie sich beim Golfspiel keinen falschen Bewegungsablauf angewöhnen – der sehr schwierig zu korrigieren ist –, sollten Sie von Anfang an mit einem Pro üben. Aber auch der beste Pro kann Ihnen nicht optimal helfen, wenn Sie nicht die richtigen körperlichen Voraussetzungen mitbringen. Um die richtigen Voraussetzungen für das Golfspiel zu schaffen, muss zuerst die Körperhaltung dem Spieler bewusst gemacht und eventuell korrigiert werden.

2. EINLEITUNG

ALLGEMEINES ZUR BEWEGUNG DES KÖRPERS BEIM GOLFSCHWUNG

Golfspielen ist eine Fertigkeit zu einem besonderen Zweck. Die Wirksamkeit der Fertigkeit und der Grad Ihrer Eignung hängen von Ihrer physischen, psychischen und emotionalen Verfassung ab. Ihr Körper muss funktionieren. Und Sie müssen sich selbst bewusst werden, was bei bestimmten Bewegungen in Ihrem Körper passiert. Dann können Sie sich auch kontrollieren.

Die meisten erwachsenen Menschen verlieren die Fähigkeit, ihren Körper wahrzunehmen und effizient zu bewegen. Das ist das Problem unserer Zeit. Es hat sich ein Mensch entwickelt, dem die äußere Welt sehr bewusst ist, die innere Welt seines Körpers dagegen nicht. Die Verkümmerung des inneren Körperbewusstseins hat zur Folge, dass der Körper geschädigt wird, ohne dass wir es bemerken und deshalb auch nichts dagegen unternehmen. Es wird als normaler Alterungsprozess akzeptiert, dass wir nicht mehr alles tun können, was früher kein Problem war. Aber die eigentliche Begleiterscheinung des Alterns ist: Wir hören auf, bestimmte Dinge zu tun, die wir einst taten. Deshalb: *use it or loose it*! Durch tägliche Gewohnheiten haben wir die Vielfalt der Bewegungen auf einige wenige spezialisiert und reduziert. Wird uns diese funktionelle Entstehung der körperlichen Beeinträchtigung bewusst und wir verstehen sie, sind wir in der Lage, den Prozess umzukehren. Lernen Sie die Fähigkeit der Eigenwahrnehmung wieder zu verbessern, dadurch werden die Funktionen des Körpers bewusster und Sie können sie besser kontrollieren.

Sie können noch so fleißig trainieren, um Ihr Spiel zu verbessern, ohne die körperlichen Voraussetzungen bleiben Sie auf Ihrem Niveau hängen. Fehlt die innere Wahrnehmung und Kontrolle, wird die Fähigkeit, irgendeine Fertigkeit zu erlernen, behindert. Sie können jede spezielle Fertigkeit lernen, aber wie gut Sie das können, hängt von Ihrem körperlichen Funktionieren ab. Einen Körper zu Bewegung zu mobilisieren, verlangt, den ganzen Körper in eine koordinierte, fließende Bahn zu leiten. Bewusst machen wir vielleicht nur eine Bewegung eines Körperteils, aber unbewusst koordiniert die zeitliche Funktion die Gesamtheit des Körpers, macht die Bewegung effizienter und schont den Körper vor unnötigen Belastungen.

Wenn Sie eine willkürliche Handlung ausführen – z. B. einen Aufschwung machen –, bemerken Sie normalerweise nicht die vereinte mobilisierende Aktion des gesamten Körpers. Stoppen Sie einmal Ihren Aufschwung und nehmen Sie bewusst wahr, welche Bewegungen, vom Fuß beginnend über Knie, Hüfte, Becken und Rumpf, eingeleitet wurden.

Beim Golfschwung wird ein gut funktionierendes harmonisches Zusammenwirken aller beteiligten Muskeln verlangt. Dazu müssen die beteiligten Gelenke frei beweglich sein. Wenn dies nicht gegeben ist, ist der Schwung unharmonisch und unökonomisch. Der Körper versucht, den Bewegungsauftrag auf eine für ihn möglichst bequeme Weise zu erfüllen, dadurch sind Ausweichbewegungen vorprogrammiert.

Jede Bewegung kann nur dann gut ausgeführt werden, wenn die Ausgangslage dafür optimal ist. Sind die körperlichen Voraussetzungen gegeben, gilt als oberster Grundsatz: Lassen Sie die Bewegung des Körpers zu und akzeptieren Sie, dass beim Schwung die Extremitäten die durch die Rumpfdrehung erzeugte Kraft und Geschwindigkeit weiterleiten. Ein Beispiel: Stellen Sie sich vor, Sie werfen einen Stein. Ihr Arm geht nach rückwärts und Ihr Körper muss mitdrehen. Am Ende der Bewegung kommt ein kurzer Stop. Dann nützen Sie die aufgebaute Spannung und Kraft aus, bringen den Arm mit Körperdrehung vor und werfen den Stein. Oder denken Sie an Baseball. Dabei wird ein Schläger als Verlängerung des Armes genommen, damit durch die Körperdrehung um die Körperlängsachse die Wucht verstärkt wird. Auch bei Golf ist der Schläger die Verlängerung des Armes, in diesem Fall liegt der Golfball am Boden und Sie müssen sich vorneigen, um ihn zu sehen und schlagen zu können. Diese Haltung (die Ansprechposition) ist die Ursache und der Beginn vieler Probleme. Sie müssen gegen die Schwerkraft arbeiten und den Oberkörper stabilisieren und sollten gleichzeitig den vorgeneigten Oberkörper locker drehen und die Drehfähigkeit des Körpers als Kraftquelle nützen.

WAS SIE TUN KÖNNEN, UM LANGE FREUDE AM GOLFSPORT ZU HABEN

Bevor die physiologischen Voraussetzungen für den idealen Golfschwung besprochen werden, möchte ich Ihnen einige Informationen geben, die mir sehr wichtig sind.

Wirbelsäulenprobleme sind in der heutigen Zeit eine Zivilisationskrankheit, die durch Überlastung, einseitige Belastung und häufig auch durch mangelnde Bewegung und dadurch zu wenig Belastung entstehen. Oft klagen schon Jugendliche über Rückenschmerzen, die aber meistens schnell vergehen. Je älter man wird, desto länger halten die Beschwerden an. Die Ursache liegt an den degenerativen Veränderungen der Wirbelsäule. Dies ist eine Tatsache. Dennoch können Sie mit gezieltem Training Ihre Muskulatur kräftigen und die richtigen körperlichen Voraussetzungen schaffen, damit Sie lange Freude am Golfspiel haben.

Golf ist ein Vergnügen, das bis ins hohe Alter ausgeübt werden kann. Die körperliche Belastung ist nicht sehr groß. Eine Golfrunde setzt sich aus 40 % Stehen, 40 % Gehen und 20 % Schlagen zusammen. Auf einer vollen Runde gehen Sie zwischen 6 und 9 Kilometer in 3 bis 5 Stunden. Um dabei eine zufriedenstellende Leistung zu erbringen, muss ein Golfspieler eine gute Kondition haben, um sich über 18 Löcher voll konzentrieren zu können. Das Zusammenspiel von Kraft, Ausdauer und Geschicklichkeit muss stimmen.

Wie stark die körperliche Belastung ist, hängt einerseits vom Golfplatz ab (je nach Beschaffenheit des Geländes, ob flach, hügelig oder gebirgig), andererseits von Ihrem körperlichen Einsatz (tragen Sie Ihr Golfbag selbst, ziehen Sie einen Trolly oder entscheiden sich für die bequemere Variante eines Powercaddies oder eines E-Carts). Sie können mit Ihrer Wahl Ihre Belastung bestimmen.

Achten Sie auch auf die richtige Kleidung! Diese sollte Sie vor Wind, Nässe und Kälte schützen, Sie aber in Ihrer Bewegungsfreiheit nicht einschränken. Vorsicht ist auch bei sehr warmem Wetter geboten, wenn Sie auf der Runde eventuell stark schwitzen. Sie sollten so schnell wie möglich die verschwitzte, feuchte Kleidung inklusive Unterwäsche wechseln, damit die Muskeln nicht unterkühlen (zum Verdunsten wird den Muskeln Wärme entzogen). Daher nach der Runde zuerst unter die Dusche und dann auf zum 19. Loch.

Golf verlangt von Ihnen auch eine mentale Wendigkeit. Bei jedem Schlag stellt sich die Frage: Wie erreiche ich am sichersten das Grün?

Um all diesen Ansprüchen gerecht zu werden, müssen Sie Ihre Alltagsprobleme vergessen, im Kopf frei sein und sich nur auf den Golfball und Ihr Spiel konzentrieren. Ihre Konzentration ist nicht zuletzt auch von Ihrer Kondition abhängig. Nicht umsonst gehören meistens das 13., 14., 15. Loch zu den schwierigsten Löchern auf der Runde.

Um eine Golfrunde gut zu überstehen, müssen Sie die entsprechenden körperlichen Voraussetzungen haben – oder diese schaffen. D. h.: Sie brauchen ergänzend zum Golfspiel ein gezieltes Training. Vorbereitende gymnastische Übungen mit Muskeldehnung und Muskelkräftigung schützen Sie vor Überlastungsbeschwerden und ermöglichen Ihnen eine lange Ausübung dieses Sports. Wichtig ist, dass Sie spezifische Bewegungsabläufe – die im Golfsport vorkommen – trainieren. Z. B. mit Hanteln, mit dem Theraband, am Seilzug, usw.

Besonders auf der Drivingranch verlangt Golf von Ihnen, dass Sie über einen längeren Zeitraum eine monotone, stereotype Bewegung ausüben. Nur das ständige Wiederholen einer Bewegung lässt Sie diese erlernen und sie wird im Gehirn gespeichert. Allerdings braucht Ihr Körper Regenerationspausen, denn der Bewegungsablauf, der für den Golfschwung notwendig ist, ist dem Körper fremd. Wird ausschließlich diese eine Bewegung über einen längeren Zeitraum ausgeführt, werden nur die dafür benötigten Muskeln aktiviert und dadurch das muskuläre Gleichgewicht gestört.

Um den einseitigen Bewegungsablauf auszugleichen, sollten Sie neben Golf regelmäßig Gymnastik für die weniger beanspruchten Muskeln machen, um die muskuläre Balance zu erhalten. Erfreulicherweise bieten schon etliche Golfclubs Fitnessräume und Schwimmmöglichkeiten zum Ausgleich an.

Niemand tut es gerne und vergisst es daher: das Dehnen der Muskeln. Bevor Sie auf die Runde gehen: Immer aufwärmen und dehnen, damit Ihre Muskulatur locker ist und gut funktionieren kann!

Müssen Sie auf einen Abschlag länger warten und das Wetter ist kalt und feucht, besteht die große Gefahr einer Unterkühlung. Ihre Muskeln verspannen sich und sind verletzungsanfälliger. Vermeiden Sie dieses Risiko und bewegen Sie sich, zum Beispiel indem Sie herumgehen, am Platz trippeln, mit den Schultern kreisen usw. Dadurch erhalten Sie Ihre Muskeln warm und elastisch. Aufwärmen und Dehnen während der Runde sollten ebenso selbstverständlich sein wie ein Muskeltraining.

DIE MEISTEN PROBLEME BEIM GOLFSPIEL

Die akute Verletzungsgefahr bei Golf ist im Vergeich zu anderen Sportarten nicht groß. Eine Gefahrenquelle birgt der Golfball, der aus Hartgummi besteht. Man hört immer wieder von Unfällen durch einen verirrten Golfball, die aber meistens gut ausgehen.

Häufiger als Verletzungen treten Überlastungsschmerzen, Zerrungen und Stauchungen auf, wobei die obere Extremität am häufigsten betroffen ist. Meistens liegt die Ursache in einem falschen Training. Eine schlechte Technik mit zu vielen Schlagwiederholungen ohne Einhaltung von Pausen oder eine verkrampfte und zu feste Schlägerhaltung führen unweigerlich zu Schmerzen. Dies wird noch verstärkt durch das wiederholte Üben über einen längeren Zeitraum. Treten die Schmerzen nur beim Golfspielen auf, ist das ein Zeichen von Überlastung und Fehlern. Eine Golfpause von mindestens einer Woche und eine Stunde beim Pro sollten helfen, Ihre Fehler zu finden und zu korrigieren.

Die untere Extremität ist von Überlastungsschäden weniger betroffen. Bei schmerzhaften Reaktionen empfiehlt sich eine Erholungspause und eine Überprüfung des Standes und des Schwungs durch Ihren Pro. Ein nicht zu unterschätzendes Problem kann von Ihren Füßen ausgehen, von denen im Alltag eine enorme Belastung verlangt wird. Vermuten Sie hier ein Problem, hilft eine orthopädische Abklärung.

Vor allem die Wirbelsäule ist beim Golfen sehr verletzungsanfällig und viele Golfer haben mit Rückenproblemen zu kämpfen. Das Hauptproblem stellt die Belastung der Wirbelsäule dar, die durch die Drehung des Rumpfes entsteht. Besonders die Dreh- und Überstreckungsphase am Ende des Durchschwungs belastet den unteren Bereich der Lendenwirbelsäule.

Übertriebener Ehrgeiz lässt viele Golfer ein wichtiges Trainingsprinzip vergessen, nämlich den Wechsel von Belastung und Entlastung. Stundenlanges, einseitiges Üben auf der Drivingranch belastet Ihr Bewegungssystem und kann als Folge zu Schmerzen führen. Anfänger oder Golfer, die nach einer längeren Golfpause wieder mit dem Golftraining beginnen, sollten während der ersten Trainingseinheit nicht zu lange trainieren, es sei denn, sie sind körperlich top fit, weil sie die Pause mit gezieltem Training überbrückt haben.

Auch das lange Üben am Puttinggreen mit ständig vorgeneigtem Oberkörper bedeutet eine starke Belastung für den Rücken. Die daraus resultierenden Schmerzen haben große Auswirkungen auf die Treffgenauigkeit, die unter der verkrampften, schmerzverzerrten Haltung leidet. Am Puttinggreen gilt genauso wie auf der Drivingranch, dass das Verhältnis zwischen Belastung und Pause stimmen muss.

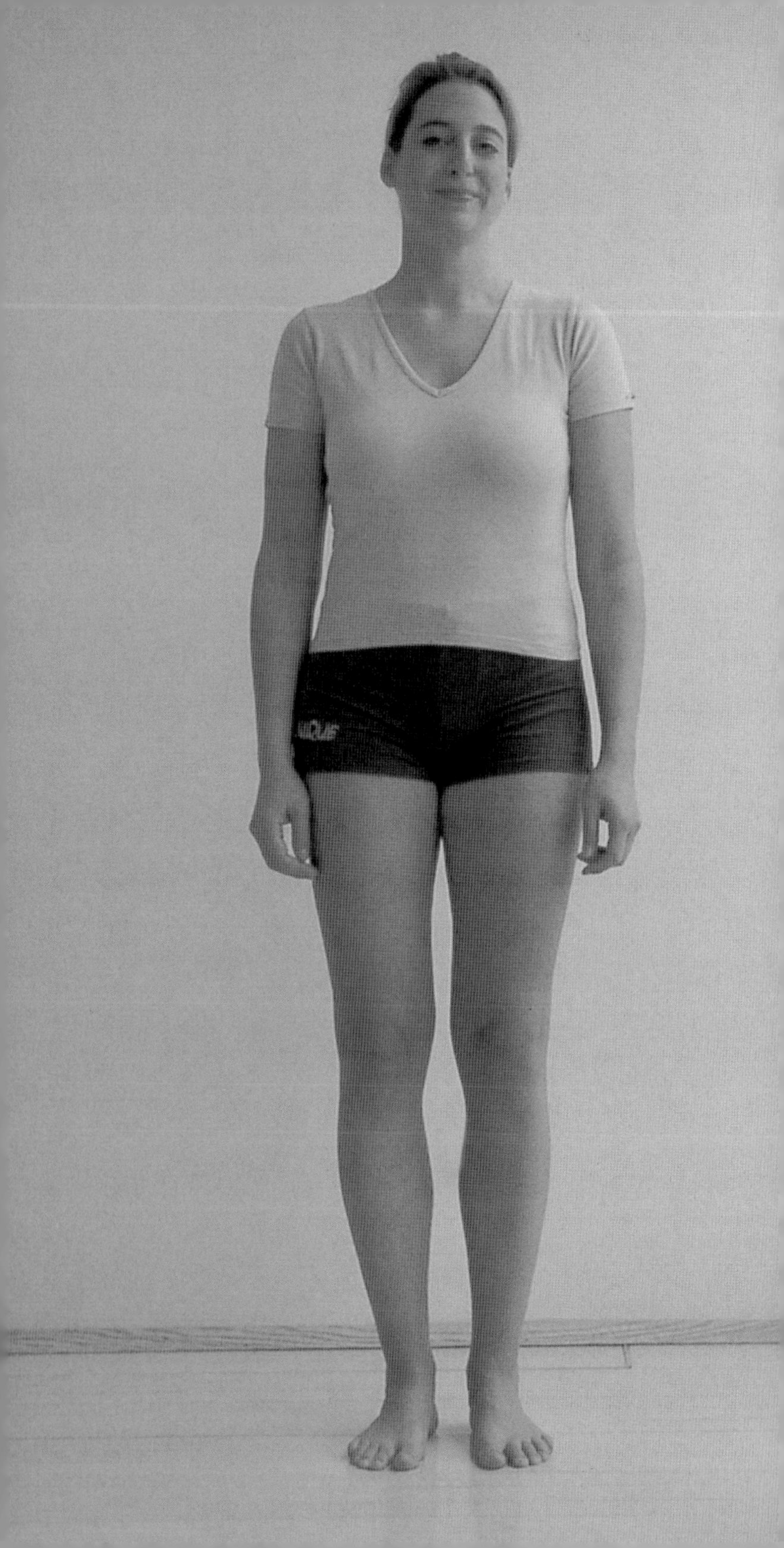

3. DAS HALTUNGS- UND BEWEGUNGS-SYSTEM

Damit Sie Ihren Körper besser verstehen und die Ursache von Problemen und Schmerzen erkennen lernen, möchte ich Ihnen zuerst Allgemeines über das Haltungs- und Bewegungssystem näher bringen. Dieses setzt sich aus aktiven und passiven Anteilen zusammen.

Zu den aktiven Anteilen gehört die Skelettmuskulatur, zu den passiven gehören Knochen und Gelenke mit Gelenkkapsel, Gelenkknorpel, Bändern und Sehnen.

Damit alle Anteile als funktionelle Einheit aktiv werden können, benötigen sie vom Gehirn über das Nervensystem den Befehl, eine Bewegung auszuführen. Diese sollte gut koordiniert und harmonisch sein. Ein Störfaktor reicht und es kommt zu einer Ausweichbewegung. Meistens ist diese unbewusst, aber unphysiologisch – und die Fehlbelastung kann Schmerzen hervorrufen.

Reagieren Sie bei auftretenden Schmerzen sofort – sie sind ein Warnsignal des Körpers und zeigen, dass ein Störfaktor vorhanden ist.

Der passive Teil des Bewegungssystems:

GELENKE

Unter einem Gelenk verstehen wir eine durch Muskeln bewegliche Verbindung zwischen zwei oder mehreren Knochen. Die Beweglichkeit ist von der Form und vom Aufbau des Gelenkes abhängig. Je nach Art der notwendigen Funktion und Belastung ergeben sich verschiedene Gelenkformen. Die beiden für uns wichtigsten Gelenkformen sind das KUGEL- und das SCHARNIERGELENK. Bei einem Scharniergelenk ist nur in einer Ebene Bewegung möglich. Z.B. beim Ellbogengelenk wird die Streckung durch den Anschlag der Elle am Oberarmknochen begrenzt. Bei einem Kugelgelenk ist der Bewegungsumfang von der Form der Gelenkkörper gegeben. Je nachdem, wie die Gelenkkugel von der Gelenkpfanne umschlossen wird, ist Bewegung möglich. Von einem Gelenk verlangen wir also einerseits Beweglichkeit, andererseits eine ausreichende Stabilität. Beides ist aber nur gewährleistet, wenn die umgebenden Strukturen funktionieren. Viele Gelenke sind von straffen, aus Bindegewebe bestehenden Bändern umgeben. Sie verleihen dem Gelenk Stabilität und Führung, wir sprechen daher von einer Bandführung.

GELENKKAPSEL

Das Gelenk ist umhüllt von einer GELENKKAPSEL. Der innere Teil, die synoviale Kapsel, produziert eine Gelenksflüssigkeit – die Gelenksschmiere. Dadurch ist die Ernährung des Gelenks, vor allem aber des Gelenkknorpels gewährleistet und das Gelenk wird gleichzeitig geschmiert. Durch gezielte, sinnvolle Bewegung können Sie die Durchblutung und somit die Ernährung wichtiger Gelenksanteile erhalten, aber auch nach einer Ruhigstellung rasch wiederherstellen. Zu wenig Bewegung senkt die Produktion der Gelenksflüssigkeit und die Knorpelbelastbarkeit sinkt. Die Gelenkkapsel schrumpft und schränkt die Beweglichkeit des Gelenks ein.

BÄNDER

Die Gelenkkapsel wird sehr oft an den Schwachstellen von BÄNDERN verstärkt. Das Bandgewebe ist in seinen Eigenschaften mit dem Sehnengewebe vergleichbar. Sind die Bänder schlaff, müssen Sie durch gezielten Muskelaufbau Ihr Gelenk stabilisieren. Dadurch erreichen Sie eine Verbesserung der Gelenkführung und als Folge eine Entlastung des Kapselbandapparates.

KNORPEL
Beachtenswert und wichtig für unsere Betrachtungsweise ist außerdem der GELENKKNORPEL. Durch seine Verformbarkeit gleicht er die Unebenheiten der Gelenksflächen aus und hat eine Pufferfunktion. Als passiver Dämpfer im Gelenk passt er sich der jeweiligen Belastung an. Er braucht Bewegung, weil dadurch seine Ernährung gesichert ist und er nicht austrocknet. Ein schlecht ernährter Knorpel ist für Schädigungen anfällig, und diese wirken sich negativ auf die Beweglichkeit des Gelenkes aus.

Der aktive Teil des Bewegungssystems:

MUSKELN
Sie bestehen aus Muskelfasern mit der Fähigkeit zur Kontraktion, durch die Bewegung möglich ist. Die Muskeln und Sehnen (die die Kontraktion übertragen) können einerseits ein Gelenk bewegen, aber auch bei anhaltender Spannung stabilisieren. Ist durch eine Verletzung oder Erkrankung der Muskel geschwächt, besteht die Gefahr, dass das Gelenk nicht gut stabilisiert werden kann und die Gelenkführung verloren geht. Das Gelenk verliert seinen Halt. Die Folge ist: Sie fühlen sich unsicher. Ausschlaggebend für eine gut koordinierte Bewegung ist eine gut ausgebildete Muskulatur, für deren Trainingszustand wir selbst verantwortlich sind.

SEHNEN
Die einzelnen Fasern im Sehnengewebe sind so angeordnet, dass die Kraftübertragung nicht abrupt, sondern verzögernd weitergeleitet wird. Oft kommt es am Sehnenansatz durch stetige Überlastung zu Entzündungen bis zu Verknöcherungen, die sich aber durch Schonung und Ruhigstellung wieder rückbilden und verschwinden.

Das Bewegungssystem ist ein Teil des menschlichen Körpers, den wir bewusst beeinflussen können. Eine falsche Steuerung führt zu Fehlbelastungen und später dann zu Schmerzen und Abnützungen.

Daraus sehen wir, dass sowohl auf Belastung wie auch auf Entlastung eine adäquate Reaktion erfolgt. Sie alleine sind für Ihr Wohlbefinden verantwortlich. Bei Problemen am Bewegungsapparat liegt die Schuld häufig bei Ihnen. Daher liegt es auch an Ihnen, diese wieder zu beheben.

DIE HALTUNG

Durch das Aufrichten des Menschen in den Zweibeinstand ist die Wirbelsäule der zentrale Pfeiler des Rückens geworden. Der aufrechte Stand ist aber nur durch das Zusammenspiel einer gut funktionierenden Rücken- und Bauchmuskulatur, die die Wirbelsäule fixiert, möglich.

Unter optimaler Haltung verstehen wir einen aufrechten Stand, bei dem das Gleichgewicht mit möglichst wenig Kraftaufwand gegen das Einwirken der Schwerkraft gehalten wird.

Aufgrund der geringen Muskelarbeit ist diese Haltung auch die ökonomischste. Bei der geringsten Abweichung aus dieser senkrechten Haltung müssen die jeweils entsprechenden Muskeln reagieren, um das Gleichgewicht des Körpers wieder herzustellen bzw. zu stabilisieren. Damit wird ein Fallen verhindert.

Zum besseren Verständnis eine Golfübung:

Aus der normalen aufrechten Haltung gehen Sie in die Golfball-Ansprechposition. D. h.: Sie beugen leicht die Knie- und Hüftgelenke und neigen den Oberkörper ohne Bewegung in der Wirbelsäule vor (die sollte so starr wie ein Stab sein) und strecken das Gesäß leicht nach hinten. Sofort spüren Sie ein Anspannen der Oberschenkelmuskulatur, die ein weiteres Einknicken der Kniegelenke verhindert, und gleichzeitig wird die untere Lendenmuskulatur angespannt, um ein Vorfallen des Oberkörpers zu verhindern. Diese Muskeln müssen der Schwerkraft entgegenwirken. Auch bei langwährendem Üben am Puttinggreen spüren Sie diese Muskelreaktionen. Weil Sie über einen längeren Zeitraum in vorgeneigter, extrem belasteter Position veharren, meldet sich Ihr Rücken sowie der Schulter-/Armbereich bis hin zur Hand mit einem Gefühl der Steifheit oder sogar mit Schmerzen – eine logische Reaktion auf diese statische Haltung.

Deshalb: Immer wieder aufrichten, lockern und die verspannte Muskulatur dehnen!

Haltung ist nicht starr, sondern variabel und vor allen Dingen sehr individuell. Es gibt Menschen, die man schon von fern auf Grund ihrer Haltung erkennt. Sie drückt unser körperliches und seelisches Befinden aus. Es fällt schwer, bei Ärger, Ängsten, Kränkungen, Depressionen, aber auch bei Müdigkeit Haltung zu bewahren. Unbewusst fällt man in sich zusammen. Nicht nur die Wirbelsäule wird durch Muskelanspannung im Nacken und im Lendenwirbelbereich verkürzt, Schulter und Hüftgelenk ziehen sich zusammen, drehen sich nach innen und engen die Bewegungsfähigkeit der Arme und Beine ein. Für Golfer ist diese Haltung das Ende eines lockeren Schwunges. Sie blockieren damit Ihre Schultergelenke und die Drehfähigkeit der Wirbelsäule. Golf spielt sich zu einem großen Teil im Kopf ab. Überlisten Sie Ihre Psyche und lassen Sie sich von einem schlechten Schlag nicht irritieren. Am besten schnell vergessen, sonst folgt ein misslungener Schlag nach dem anderen. Bringen Sie Ihren Körper in den aufrechten Stand – im Gleichgewicht mit der Schwerkraft. Ein ausgeglichener senkrechter Stand bringt automatisch eine ausgeglichene Muskelspannung mit sich.

Ein guter Schlag mit wenig Kraftaufwand und wenig Belastung für die Gelenke gelingt nur in idealer Haltung.

DIE IDEALE HALTUNG

Die ideale Haltung finden wir in einer Position, in der der Körper mit möglichst wenig Kraftaufwand gegen die Schwerkraft und andere Einflüsse aufgerichtet wird. Darunter versteht man, dass bei achsengerechter Belastung der Wirbelsäule – unter Berücksichtigung der Schwerkraft – das Gleichgewicht gehalten werden kann. Das Resultat ist eine ökonomische, aufrechte Haltung.

Als wichtigste Orientierungslinie beginnen wir mit der **Körperlängsachse**, die bei aufrechter Haltung in enger Beziehung zur Wirbelsäule verläuft. Sie wird als Kennzeichen für eine normale Haltung benutzt, wenn sich das Becken, der Brustkorb und der Kopf auf dieser Körperlängsachse befinden.

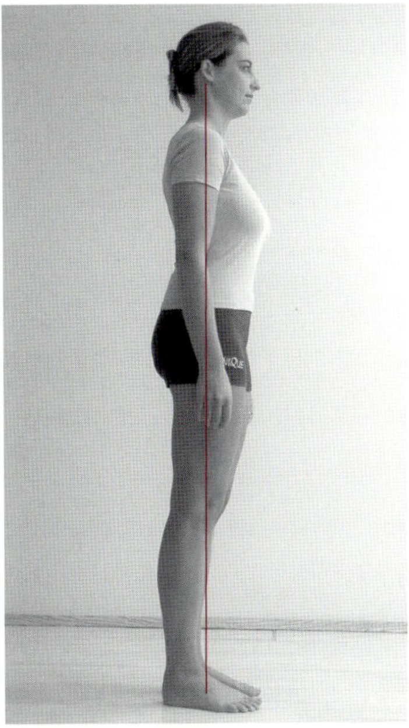

Als ersten Referenzpunkt nimmt man die knöcherne Erhebung hinter dem Ohr als Ansatz für ein Lot. Optimal ist die Haltung, wenn auf dieser Linie das Schulter-, Hüft- und Kniegelenk liegen und das Lot knapp vor dem Sprunggelenk auf den Boden kommt.

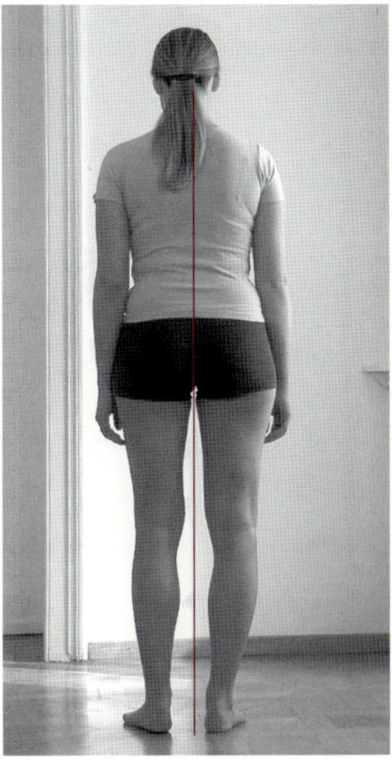

Als zweiter Bezugspunkt wird das Lot auf der Rückseite des Körpers in die Mitte der Hinterhauptsschuppe gelegt und soll dann genau über der Gesäßfalte zwischen den beiden Fersen am Boden landen. Seitliche Abweichungen deuten auf eine skoliotische Fehlhaltung hin.

Nach der Betrachtung des Lots von der Seite und von hinten folgt die **Beinachse**.

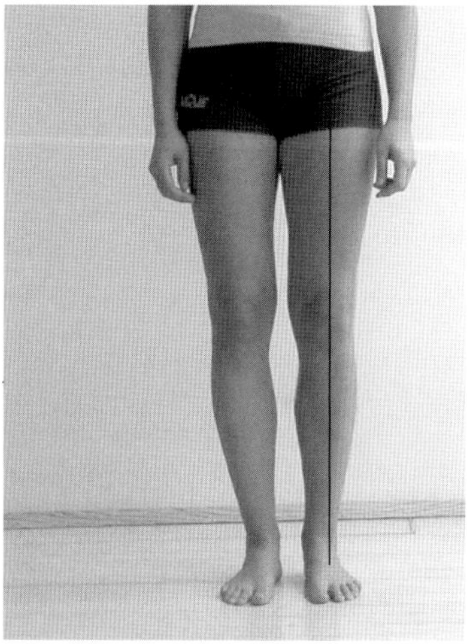

Das Lot wird in der Mitte der Leiste angelegt, soll durch die Mitte des Kniegelenks verlaufen und in der Mitte des Sprunggelenks enden.

Neben der Beinachse hat auch die **Fußstellung** einen wesentlichen Einfluss auf die Wirbelsäule. Eine gute Stabilität beginnt an der Basis. Daher wird als vierter und entscheidender Faktor die bestmögliche Unterstützungsfläche gesucht:

Sie stehen auf beiden Beinen symmetrisch in hüftgelenks- bis beckenbreitem Abstand. Die Füße sind leicht nach außen gedreht. Die FUSSLÄNGSACHSE verläuft schräg vom Fersenaußenrand zum Großzehenballen.

Hier eine Hilfe für die richtige Fußposition: Stellen Sie sich eine Uhr vor und Ihre Füße als Uhrzeiger. Wenn sie 5 Min. vor 1 Uhr anzeigen, haben Sie wahrscheinlich Ihren optimalen Stand gefunden. Leichte Abweichungen zur Vergrößerung der Unterstützungsfläche sind erlaubt.

Dann suchen Sie sich die Stelle, wo Sie das Gefühl haben, dass der Druck gleichmäßig über den Füßen platziert ist. Achten Sie aber auf Ihre Kniegelenke: Sie sollen sich immer auf der Beinachse befinden!

Nochmals zur Erinnerung: Ihre Haltung ist ökonomisch, wenn alle Achsen eingehalten werden. Sie stehen mit wenig Muskelkraft. Weichen Sie aber von den Achsen ab, müssen die Muskeln wesentlich mehr arbeiten, um ein Fallen zu verhindern. Ein ständiges Abweichen von der Achse verlangt von den Muskeln eine permanente Haltearbeit. Die Muskulatur ist für Bewegung konstruiert. Sie reagiert auf ständige Haltearbeit mit Spannungserhöhung. Das Nervensystem mit seiner eigenen Biomechanik muss sich demzufolge diesem Zustand anpassen und wird ebenfalls in seiner Beweglichkeit eingeschränkt. Durch die veränderte Statik und Motorik kommt es zu einer Haltungs- bzw. Bewegungsabweichung, es erfolgen Ausweichbewegungen, um dem Schmerz zu entgehen. Uns Physiotherapeuten können Ausweichbewegungen Aufschluss über bestimmte Schmerzzustände geben. Wir versuchen die Ursache zu finden, dem Patienten den Fehler bewusst zu machen und so zu korrigieren, dass der Patient die optimale Belastung und Bewegung wieder erreicht. Mehr Bewegung bedeutet mehr Lebensqualität und Vitalität. Ist die Bewegungsfähigkeit eingeschränkt, fühlt man sich auch im Leben eingeschränkt.

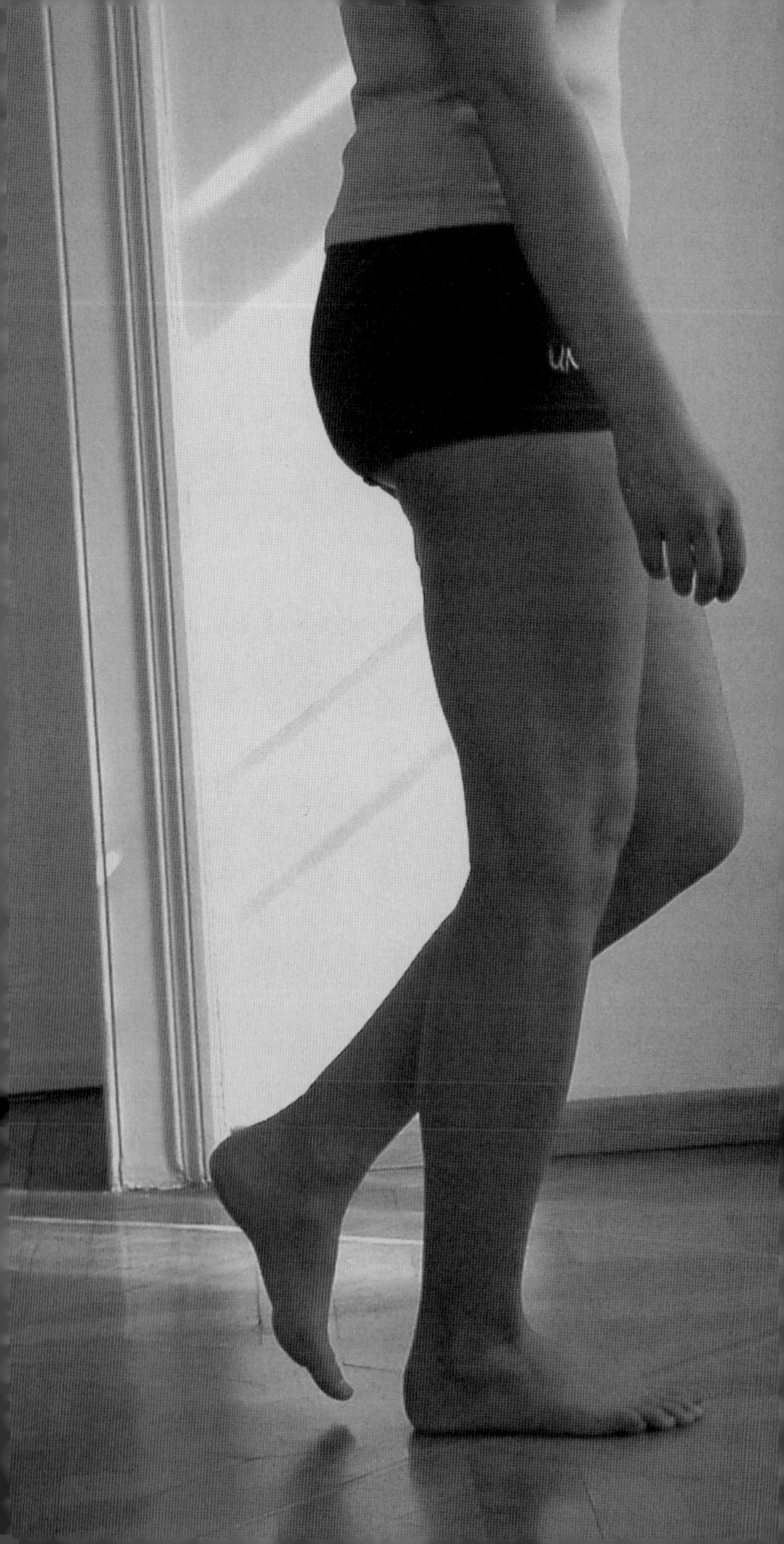

DER GANG

Wie Sie beim Thema Haltung erkannt haben, gibt es einige Hilfestellungen, um die richtige Position beim Stand finden zu können. Ebenso verhält es sich mit dem Gehen.

Natürlich muss auch auf die anatomischen Variationen, die das Gangbild beeinflussen, Rücksicht genommen werden. Dennoch sollten einige Punkte von jedem beachtet werden, damit das Gehen möglichst ökonomisch passiert. Das bedeutet, dass bei minimalem Kraftaufwand und minimalem Materialverschleiß eine maximale Leistung erbracht werden kann.

Beim normalen Gang verlagert sich die Belastung vom Fersenaußenrand zum Großzehenballen. Dann drücken Sie sich mit Muskelkraft hoch und rollen über den Großzehenballen ab. Dadurch erleichtern Sie das Vorsetzen des anderen Fußes als Schwungbein, der mit wenig Muskelarbeit durch die Schwerkraft wieder auf den Boden gesetzt wird. Durch diese Auf- und Abbewegung ist eine optimale Belastung des Hüft- und Kniegelenks bei gleichzeitiger Schonung der Wirbelsäule gegeben.

Treten Sie vor einen Spiegel, versuchen Sie am Stand zu gehen und beobachten dabei Ihr Becken. Die Arme sollen locker neben dem Körper pendeln und das Becken muss ruhig bleiben.

Der Schwung der Arme bewirkt eine leichte Gegendrehung des Schultergürtels gegenüber dem Becken. Diese Verwringung ermöglicht die Aufrechterhaltung des Gleichgewichtes beim Gehen.

Alle Abweichungen vom normalen Gehen brauchen mehr Kraft und beanspruchen die Gelenke der unteren Extremität und der unteren Wirbelsäule viel stärker. Schmerzen im Fuß, dem Knie und Hüftgelenk bis hin zu der Lendenwirbelsäule können durch falsches Gehen verursacht werden. Es kommt Ihnen vielleicht eigenartig vor, aber nehmen Sie sich Zeit und lernen Sie richtig zu gehen. Die wichtigste Voraussetzung dafür ist ein korrekter, guter Stand unter Einhaltung der Fußachse.

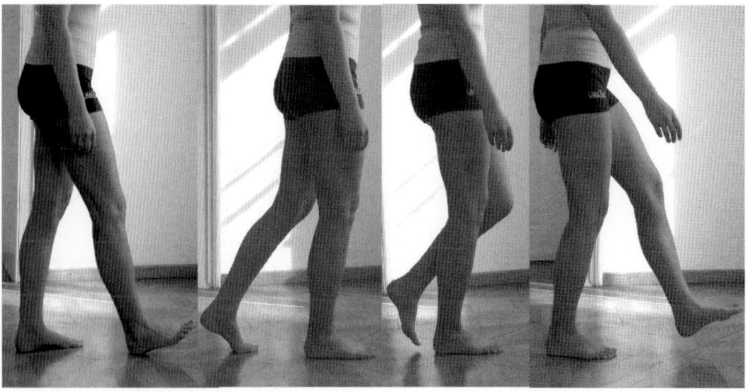

Dazu eine Übung: *Aus dem Stand heben Sie ein Bein hoch, machen einen Schritt nach vorn und setzen die Ferse – mit dem Gewicht mehr auf dem Außenrand – wieder auf den Boden. Stellen Sie nun den ganzen Fuß auf den Boden, verlagern das Gewicht zum Großzehenballen und drücken sich ab. Gleichzeitig wird das andere Bein abgehoben. Die Ferse dieses Beines soll beim Vorholen fast den Innenknöchel des Standbeines berühren. Dadurch wird die Ferse automatisch richtig aufgesetzt und schafft die Voraussetzungen für ein normales Abrollen des Fußes am Boden.*

Die Schrittlänge können Sie selbst bestimmen, denn jeder Mensch hat seine persönliche Schrittlänge. Versuchen Sie Ihr eigenes Gangtempo und Ihre Schrittlänge zu finden. Als ideales Gangtempo wird ein Mittelwert von ca. 120 Schritten pro Minute angenommen. Langsameres Gehen verlangt mehr Gleichgewichtsarbeit, schnelleres Gehen mehr Kraft. Beim Gehen sollten Sie in die Ferne schauen, dadurch gehen Sie aufrecht und ökonomisch. Wenn Sie sich nach vorne neigen, müssen die Muskeln enorm arbeiten, um ein Vorfallen zu verhindern. Bleibt der Rumpf zu weit hinten, kommt es zu einer Veränderung der Abrollachse.

Der Golfplatz bietet sich für Gangübungen geradezu an. Sie finden selten einen so weichen Boden, nutzen Sie daher die Gelegenheit und bauen während der Runde Gangübungen ein, wie z. B.:

1. Übung: *Gehen Sie immer wieder mit großen Schritten (Ausfallschritten). Dabei strecken Sie automatisch das Hüftgelenk. Eine Bewegung, die im Alltag oft fehlt und deshalb zu Einschränkungen in der Beweglichkeit führt.*

2. Übung: *Übertreiben Sie die Gehbewegung. Drücken Sie sich maximal hoch, bleiben kurz auf den Zehenspitzen und machen erst dann den nächsten Schritt. Dabei kommt es zu einer Kräftigung der Beinmuskulatur. Über den übertriebenen Gang nähern Sie sich dem richtigen Gangbild.*

3. Übung: *Überbrücken Sie Wartezeiten und gehen Sie hin und wieder in den Zehenstand.*

Für einen guten Gang ist auch die Wahl des richtigen Schuhwerkes ausschlaggebend. Die große Auswahl an Golfschuhen macht uns die Wahl des richtigen Schuhs nicht leichter. Beim Schuhkauf sollten Sie besonderen Wert auf guten Halt und Bequemlichkeit legen. Gehen Sie nicht aus modischen Gründen einen Kompromiss ein. Nicht die Farbe und das Design sollten das Hauptkriterium zum Kauf sein! – Vergessen Sie nie: In einem Golfschuh müssen Sie sich wohl fühlen, denn Sie sind bis zu fünf Stunden mit ihm unterwegs, und da dürfen die Schuhe nicht zu einem Problem werden. Der Schuh ist die Verbindung zwischen Fuß und Boden und soll Ihnen einen guten, sicheren Halt geben. Achten Sie immer darauf, dass Ihr Mittelfuß und Ihre Ferse einen festen Halt im Schuh haben. Der Schuh soll hart, aber im Vorderfuß biegsam sein und die Abrollbewegung zulassen.

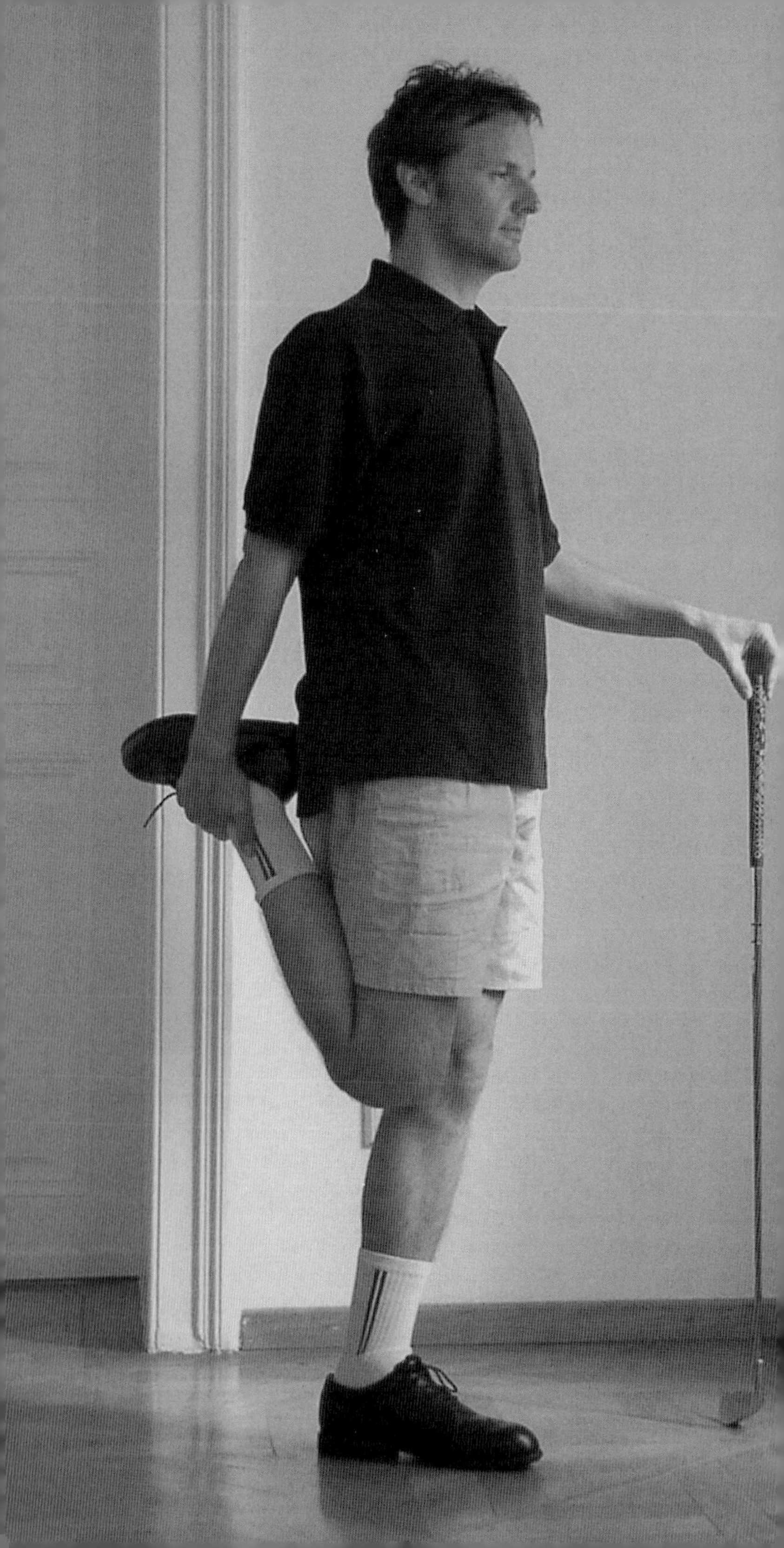

4. DEHNEN UND KRÄFTIGEN

In den folgenden Kapiteln werden Ihnen viele Dehn- und Kräftigungsübungen vorgeschlagen. Um dann den größten Effekt zu erreichen, finden Sie hier die Grundsätze für richtiges Dehnen und Kräftigen.

Es wird immer wieder darauf hingewiesen, wie wichtig das Dehnen für die Muskulatur ist. Je nachdem, wann und welchen Muskel Sie dehnen bzw. was Sie durch die Dehnung erreichen wollen, haben Sie mehrere Möglichkeiten, Ihr Ziel zu erreichen.

Ein großes Problem besteht darin, dass Golf als Leistungssport unterschätzt wird. Für Golf brauchen Sie, genauso wie für jede andere Sportart, die körperlichen Voraussetzungen. Fehlen diese, müssen sie durch gezieltes Training geschaffen werden – Sie brauchen einen systematischen Aufbau der notwendigen Kraft.

DEHNEN

Richtiges Dehnen

Da es keine absolute Definition einer idealen Muskellänge gibt, fehlt somit auch die Definition eines verkürzten Muskels. Grundsätzlich unterscheidet man zwischen strukturell (die Ursache liegt im Bindegewebe) und reflektorisch (das Problem liegt in der nervalen Ansteuerung) verkürzten Muskeln. Gedehnt werden sollen nur strukturell verkürzte Muskeln.

Je nachdem, wann Sie dehnen, unterscheidet man zwischen:

1. Tonusregulation (nach dem Aufwärmen und vor dem eigentlichen Training).
2. Entspannen nach dem Training.
3. (Strukturelles) Dehnen.

1. Zur Tonusüberprüfung und Tonusregulation
wird nach dem Aufwärmen und vor dem eigentlichen Training gedehnt. Dabei sollen etwaige Muskeldystonien, die zu einer Verletzung oder unharmonischen Bewegung führen würden, ausgeglichen werden. Dazu bringen Sie den betreffenden Muskel langsam unter Dehnung und testen ihn dabei auf seinen Spannungszustand (= Tonus) und auf eventuelle Schmerzen. Erscheint der Muskeltonus zu hoch, entspannen Sie den Muskel durch Anspannen/Lockerlassen, bis der gewünschte Tonus erreicht ist. Ist der Tonus zu gering, spannen Sie einige Male den Muskel ganz schnell an.

2. Zum Entspannen
dehnen Sie nach dem Training, wenn der Muskeltonus zu hoch ist und keine Verletzung vorliegt. Dafür gibt es mehrere Möglichkeiten. Z. B.:

a) Durch statisches Dehnen. Sie bringen den Muskel in eine Dehnposition, in der ein gut erträgliches Dehngefühl auftritt, ein Ziehen, aber keine Schmerzen, denn der Schmerz würde reflektorisch den Tonus erhöhen. Diese Position mind. 20 Sek. halten bzw. bis das Dehngefühl nachlässt, und dann versuchen weiter zu dehnen.

b) Durch Anspannen/Lockerlassen. Sie bringen wie bei a) den Muskel in Dehnposition, nur wird dann der Muskel 5 Sek. angespannt und 15 Sek. lockergelassen. Suchen Sie eine neue Endposition und wiederholen den Vorgang von 5 Sek. Anspannen/15 Sek. Lockerlassen, so lange bis Sie nach dem Lockerlassen nicht mehr weiterkommen.

c) Durch Aktivierung des Antagonisten, eines Gegenspielers, der dem Muskel entgegenwirkt. Die Vorgangsweise ist im Prinzip wie bei b), nur wird in der Endposition der Antagonist für 5–10 Sekunden angespannt. Das heißt, wenn Sie zum Beispiel den Biceps, den Ellbogenbeuger, dehnen wollen, wird am Ende der Bicepsdehnung der Triceps, der Ellbogenstrecker, angespannt.

d) Es gibt noch federndes Dehnen – eine Technik, die nicht näher beschrieben wird, da sie nur unter Kontrolle gemacht werden soll.

3. Das Dehnen,
das nach dem Aufwärmen oder nach dem Entspannen zur strukturellen Verlängerung des Muskels angewendet wird. Durch ein statisches Dehnen für mehr als 90 Sek. soll der Muskel verlängert werden.

Bei den Dehnübungen werden zwei unterschiedliche Dehnzeiten angegeben, wobei unter präventiv eine vorbeugende Maßnahme zu verstehen ist – daher reicht eine kurze Dehnzeit. Ist aber der Muskel irritiert, müssen Sie, um die Störung zu beseitigen, länger dehnen.

Vorschlag für Dehnzeiten: Muskel langsam in Dehnung bringen.	
Präventiv:	5–10 Sek. halten / 2 x je Seite
Bei Irritation:	30–90 Sek. halten / 3 x je Seite / 5 x am Tag

Die oben vorgeschlagenen Dehnzeiten können selbstverständlich auch nach Bedarf von Ihnen verändert werden. Das Gleiche gilt für das Krafttraining – auch hier können Sie das Training an Ihre persönlichen Erfordernisse anpassen.

Durch gezieltes Dehnen erreichen Sie die gewünschte Muskeltonusregulation. Jetzt können Sie mit dem Muskelaufbau beginnen. Durch regelmäßiges und gezieltes Krafttraining kommt es zu einer Tonuserhöhung im Muskel. Dadurch wird die Kraft und die Ausdauer gesteigert, Ihre Kondition deutlich verbessert und die Bewegungen können besser und schneller ausgeführt werden.

KRÄFTIGEN

Bei normalen Bewegungen im Alltag kommen Sie mit 20–30 % Ihrer Maximalkraft aus, aber dadurch wird Ihre Normalkraft nicht verändert. Müssen Sie sich einmal mehr als Sie gewohnt sind anstrengen, ermüdet durch die ungewohnte Belastung Ihre Muskulatur. Je nach Ihrer Belastbarkeit kann es zu akuten Muskelschmerzen bis hin zum später auftretenden Muskelkater kommen. Ein Umstand, der Ihnen wahrscheinlich bekannt vorkommt, und der auch beim Golftraining und Golfspiel auftreten kann. Besonders, wenn der Trainingszustand des Spielers nicht adäquat ist. Ein großes Problem besteht darin, dass Golf als Leistungssport unterschätzt wird. Für Golf brauchen Sie genauso wie für jede andere Sportart die körperlichen Voraussetzungen. Fehlen diese, müssen sie durch ein gezieltes Training geschaffen werden. Sie brauchen einen systematischen Aufbau Ihrer Kraft. Optimales Training führt zur Ermüdung der Muskulatur, die durch wenige maximale Anspannungen oder durch wiederholte langdauernde Muskelanspannungen erreicht werden kann. Die Anstrengung ist abhängig vom Widerstand und der Dauer der Muskelaktivität. Entscheidend für die Ermüdung eines Muskels und damit des Trainingseffekts ist auch die Wiederholungszahl der Übungsserie pro Trainingseinheit. Als Serie bezeichnet man eine Anzahl von ohne Pause durchgeführten Bewegungswiederholungen. Danach wird eine Pause eingehalten, in der sich die Muskulatur, das Herz-Kreislauf- und das Atemsystem erholen können. Die Länge der Pause richtet sich nach der Anstrengung.

Bevor Sie mit dem eigentlichen Krafttraining zum gezielten Aufbau der Muskelmasse beginnen, müssen Sie die Belastbarkeit des Bewegungsapparates langsam und schrittweise steigern.

1. Vorbereitungsphase:
Durch eine hohe Wiederholungszahl (10–40) wird bei langsamer Geschwindigkeit die Intensität gesteigert (20–40% der Maximalkraft). Die Serien (2–5 Serien) und die Pausendauer von 3 Min. bis 30 Sek. richten sich nach Ihrer Belastbarkeit. Sie sollen nicht ermüden, weil sich dadurch Ihre Konzentration bzw. Koordination verschlechtert. Das Ziel sollte neben dem Erlernen der Bewegungsabläufe (der Koordination) die Steigerung der Belastbarkeit und des Stoffwechsels sein.

2. Vorbereitungsphase:
Hier steht das Training der Kraftausdauer durch Intensitätserhöhung auf 50–60% der Maximalkraft bei 6–8 Serien mit 20–40 Wiederholungen mit langsamer bis zügiger Kontraktionsgeschwindigkeit im Vordergrund. Zwischen den Serien wird eine Pause von 0,5–1 Minute eingelegt. Das Ziel ist eine Verbesserung der Muskelausdauer, der Koordination und der Beweglichkeit und eine Belastungsgewöhnung.

1. Phase des Krafttrainings:
Erreicht werden soll eine Steigerung der Muskelmasse. Mit einer Last von 60–85% des individuellen Kraftmaximums werden 6–20 Wiederholungen mit langsamer bis zügiger Kontraktionsgeschwindigkeit durchgeführt. Es sollen 5–6 Serien durchgeführt werden, mit Pausen von 2–3 Minuten zwischen den Serien.

2. Phase des Krafttrainings:
In dieser Phase soll es neben der Steigerung der Maximalkraft zu einer Verbesserung der Schnell- und Explosivkraft kommen. Mit einer Last von 90–100% des individuellen Maximums werden 1–3 Kontraktionen explosiv durchgeführt. Pro Trainingseinheit und Muskelgruppe folgen 3–6 Serien mit Serienpausen von mindestens 6 Minuten, damit sich die erschöpften neuralen Strukturen erholen können.

3. Phase des Krafttrainings:
In der 3. Phase wird die aufgebaute Kraftqualität in typische Bewegungsabläufe eingebaut. Dazu werden Übungen ausgewählt, die den entsprechenden Sportbelastungen ähnlich oder mit ihnen ident sind. Optimal wäre, wenn Sie die Übungswiederholungen im letzten Satz mit geschlossenen Augen durchführen könnten.

Vorschlag für Trainingsaufbau:

	Anfänger	Fortgeschrittene
Intensität	40 – 60 %	60 – 90 %
Wiederholungen	20 – 40 x	20 – 30 x
Serien	2 – 6	3 – 5
Pausen	2 – 3 min.	
Ausführung	langsam bis zügig	

Für das Ausdauertraining beginnen Sie mit 2–3 Serien und steigern schrittweise auf 6–8 Serien. Auch die Pausendauer von 30–60 Sekunden kann je nach Bedarf auf 2–3 Minuten verlängert werden.

Für eine optimale Anpassung müssen – je nach muskulärer und neuraler Beanspruchung – Erholungszeiten von 24–48 Stunden berücksichtigt werden. In der Erholungszeit einer Muskelgruppe kann eine andere Muskelgruppe beansprucht werden. Z. B. nach dem Training der unteren Extremität kann die obere Extremität trainiert werden. Die Erholungszeiten sind besonders vor einem Golfturnier zu berücksichtigen, da Ihnen sonst die benötigte Flexibilität und Lockerheit fehlt.

5.
DIE KÖRPERTEILE IM EINZELNEN

SPRUNGGELENK UND FUSS

DAS KNIEGELENK

DAS HÜFTGELENK

DAS SCHULTERGELENK

DER ELLBOGEN

HANDGELENK UND FINGER

DIE WIRBELSÄULE

DIE LENDENWIRBELSÄULE

DIE BRUSTWIRBELSÄULE

DIE HALSWIRBELSÄULE

5. DIE KÖRPERTEILE IM EINZELNEN

SPRUNGGELENK UND FUSS

DAS KNIEGELENK

DAS HÜFTGELENK

DAS SCHULTERGELENK

DER ELLBOGEN

HANDGELENK UND FINGER

DIE WIRBELSÄULE

DIE LENDENWIRBELSÄULE

DIE BRUSTWIRBELSÄULE

DIE HALSWIRBELSÄULE

SPRUNG-GELENK UND FUSS

Eine gute Stabilität beginnt an der Basis, also am Fuß. Fehlfunktionen in den Füßen können Schmerzen verursachen. Generell sollten Sie die Wichtigkeit der Füße für Ihr Wohlbefinden nicht unterschätzen.

ANATOMIE UND FUNKTION

Im Sprunggelenk gibt es eine feste Gelenkführung. Die Knöchelgabel, die von Schien- und Wadenbein gebildet wird, umschließt U-förmig das Sprungbein und ermöglicht dadurch nur eine Beuge- und Streckbewegung, das heißt den Vorfuß zum Körper hochziehen und wegstrecken. Das Fußgewölbe entsteht durch die bogenförmige Anordnung der Fußwurzelknochen, die durch Bänder und Muskeln miteinander verbunden sind. Die Fußwölbung ist normalerweise in der Lage, die Last des Körpers zu tragen. Als knöcherne Stützpunkte der Wölbung dienen – auf ebener Grundlage – die Ferse, der Großzehenballen und der Übergang von der kleinen Zehe zum Fuß. Die Druckfortpflanzung im Stand und beim Gang erfolgt vom Schienbein zum Fersenbein und dann zum Mittel- und Vorfuß. Dabei ist die Fußmuskulatur der aktive Dämpfer.

STÖRUNGEN

Wenn die Muskulatur die Dämpfer-Funktion nicht erfüllen kann, kommt es zur Überlastung der Bänder, die die einzelnen Knochen miteinander verbinden – und als Folge zum Senk-, Spreiz- und Knickfuß.

Um das zu vermeiden, müssen Sie neben dem Training der Fußmuskulatur einen korrekten Stand lernen. Das heißt: Die Füße stehen symmetrisch in hüftgelenks- bis beckenbreitem Abstand unter Berücksichtigung der Fußlängsachse. Verteilen Sie das Gewicht auf beide Füße möglichst gleichmäßig.

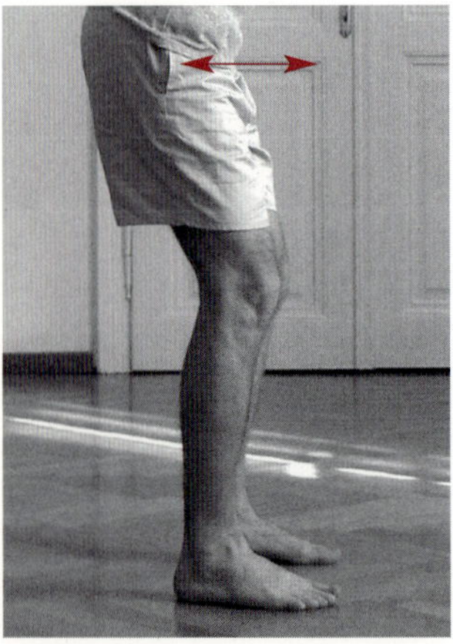

Die folgende Übung kann Ihnen dabei helfen: *Versuchen Sie im Stehen, das Gewicht von den Fersen auf den Vorfuß zu verlagern, ohne dabei die Fersen abzuheben. Bringen Sie das Gewicht immer mehr in Richtung Großzehenballen. Die Zehen bleiben dabei locker, dies ist wichtig, damit Sie beim Gehen eine Abrollbewegung zulassen können. Pendeln Sie mit dem Körper einige Male von der Ferse zum Großzehenballen und zurück und versuchen Sie, den für Sie optimalen Stand zu finden. Das Gewicht des Körpers sollte über den folgenden drei Druckpunkten platziert sein: Ferse, Großzehenballen und dem Übergang von der kleinen Zehe zum Fuß.*

Zum Golfspielen brauchen Sie einen stabilen Stand, durch den Sie eine gute Spannung im ganzen Körper aufbauen können. Der Stand hält Sie im Gleichgewicht und erleichtert die Stabilisierung des Fußes und des Kniegelenks beim Aufschwung. Dabei wird für einen Moment das ganze Körpergewicht auf den inneren Fußrand verlagert.

Durch Überdehnung der Bänder kommt es öfter an der Außenseite des oberen Sprunggelenks zu Überlastungsreaktionen. Tritt dieses Problem auf, prüfen Sie Ihre Schuhe. Tragen Sie nur Schuhe, die bequem sind, gut passen und einen stabilen Fersenhalt haben. Achten Sie immer darauf, dass sie fest zugeschnürt sind. Sitzt Ihr Schuh zu locker, haben die Ferse und der Mittelfuß keinen ausreichenden Halt.

Ein stabiler Stand ist auch für die Achillessehne sehr wichtig. Immer wieder kommt es zu Achillessehnenproblemen bis hin zu Achillessehnenrissen. Schon eine minimale, kurzzeitige Fehlbelastung (Vorsicht im unebenen Gelände!) kann zur Achillessehnenruptur führen, wobei oft die Sehne durch zahlreiche kleine Verletzungen, die meist bagatellisiert werden, schon vorgeschädigt ist. Die Ursache kann in einer schlecht durchbluteten Wadenmuskulatur liegen, aber auch in ungünstigen Belastungsvoraussetzungen und Mikrotraumen. Vorbeugend hilft ein regelmäßiges Dehnen der Wadenmuskulatur.

SPEZIELLES TRAINING

Lockern der Wadenmuskulatur
Laufen Sie am Platz. Dabei soll aber der Vorfuß am Boden bleiben, nur die Fersen werden abwechselnd ganz schnell auf und ab bewegt.

Dehnung der Achillessehne

Sie stützen sich mit den Händen gegen eine Wand. Das rechte Bein ca. 60 cm nach hinten stellen, mit den Zehenspitzen gerade nach vor zeigen und das linke Knie beugen – ist keine Abstützmöglichkeit vorhanden, legen Sie die Hände auf den Oberschenkel. Verlagern Sie mit geradem Rücken das Gewicht auf das vordere Bein und drücken Sie die hintere Ferse behutsam zum Boden, bis Sie ein leichtes Ziehen in der Wade spüren. Präventiv halten Sie die Dehnung 5–10 Sek., 1x je Seite. Bei Problemen und leichten Irritationen der Achillessehne halten Sie 30–90 Sek., um die Spannung zu reduzieren und dehnen anschließend vorsichtig weiter und halten wieder 30–90 Sek. Durch mehrmaliges Wiederholen (5x am Tag/3x je Seite) erreichen Sie die gewünschte Dehnung.

Bei Achillessehnenproblemen sollten Sie Ihren Gang und Ihre Schuhe kontrollieren. Es ist wichtig, dass die Ferse gut gehalten wird und der Schuhrand nicht auf die Achillessehne drückt und diese dadurch reizt.

Falls Sie Beschwerden haben, legen Sie eine Trainingspause von 4–6 Wochen ein, damit sich Ihr Fuß erholen kann. Kommen die Beschwerden nach der Ruhepause gleich wieder, müssen Sie diese unbedingt von einen Spezialisten abklären lassen. Treten öfter bei oder nach einer Golfrunde Schmerzen in den Füßen auf, lassen Sie Ihre Füße von einen Orthopäden kontrollieren. Vielleicht brauchen Sie orthopädische angepasste Einlagen. Falls Sie schon welche haben, nehmen Sie sie beim Kauf neuer Schuhe mit und tragen Sie sie unbedingt beim Golfspiel. An neue Einlagen sollten Sie sich langsam gewöhnen, und nicht gleich damit auf eine Golfrunde gehen. Am Anfang tragen Sie sie nur eine Stunde. Wenn Sie das Gefühl haben, dass Sie mit den Einlagen gut zurecht kommen, steigern Sie stundenweise, bis Sie sie den ganzen Tag vertragen. Die Füße brauchen Zeit, um sich den veränderten statischen Gegebenheiten anzupassen.

Kräftigung der Wadenmuskulatur
Für die Stabilität des Fußes ist weiters eine gut funktionierende, kräftige Wadenmuskulatur wichtig.

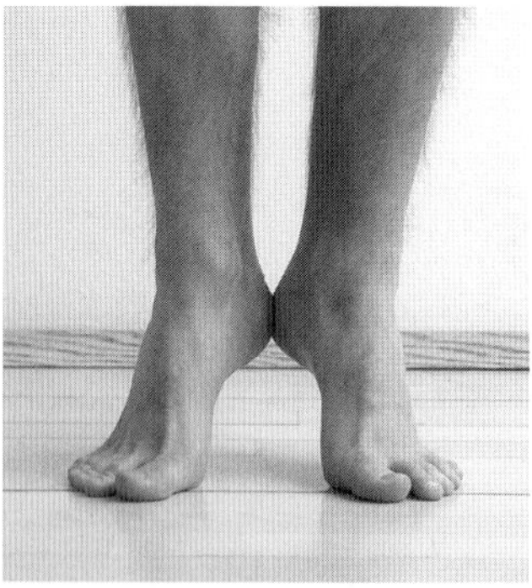

Sie stehen, und beide Fersen berühren sich. Dann drücken Sie sich aus dem Stand von der Ferse Richtung Großzehenballen in den Zehenstand hoch und halten den Fersenkontakt auch noch am Ende der Bewegung. Achten Sie auf eine lineare Bewegung von der Ferse zum Großzehenballen ohne Abweichung.

Etwas Zeit sollten Sie sich immer für Ihre Füße nehmen, die im Alltag vernachlässigt werden. Fast den ganzen Tag sind sie in Schuhen eingeengt und meist bewegen wir uns auf glatten Böden. Dadurch geht der Reiz für die Fußmuskulatur verloren und sie wird schwächer. Gleichen Sie das aus, indem Sie so oft als möglich barfuß gehen.

Eine Lockerungsübung für Ihre Füße in Rückenlage, die Sie schon am Morgen im Bett machen können: Ein Bein ist aufgestellt, das zweite Bein liegt gestreckt darauf. Der Vorfuß beschreibt in gleitender Bewegung einen Kreis – es soll in beide Richtungen gelockert werden.

Dehnübungen

	DEHNEN	
Präventiv:	5–10 Sek. halten	2 x je Seite
Bei Irritation:	30–90 Sek. halten	3 x je Seite

1. Übung: *Dazu sitzen Sie mit übereinandergeschlagenen Beinen. Eine Hand fixiert die Ferse, während die andere Hand alle Zehen umgreift. Der Daumen befindet sich auf der Fußsohlenseite, über ihn werden die Zehen gebeugt.*

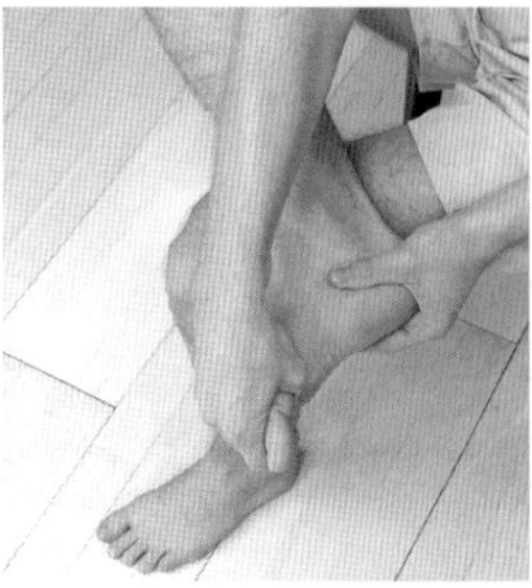

2. Übung: *Wie die 1. Übung – zusätzlich drücken Sie den Vorfuß hinunter, um den ganzen Rist zu dehnen.*

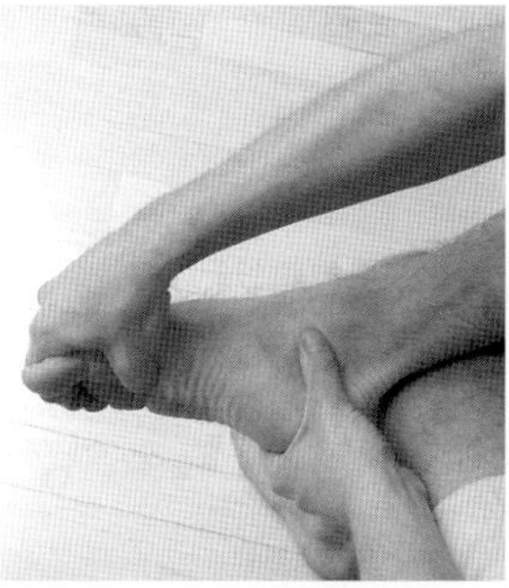

3. Übung: *Für die nächste Fußübung bleibt die Ausgangsstellung gleich. Sie fixieren mit einer Hand die Ferse, mit der anderen Hand umgreifen Sie den Vorfuß von oben und drehen diesen zu sich. Es sollte eine schraubenartige Bewegung entstehen. Am Ende des Zuschraubens versuchen Sie noch, einen kleinen Dehnimpuls für die gewölbeverspannende Muskulatur zu geben, d.h., Sie geben über den vermeintlichen Schlusspunkt hinaus noch einen kurzen, impulsartigen Überdruck.*

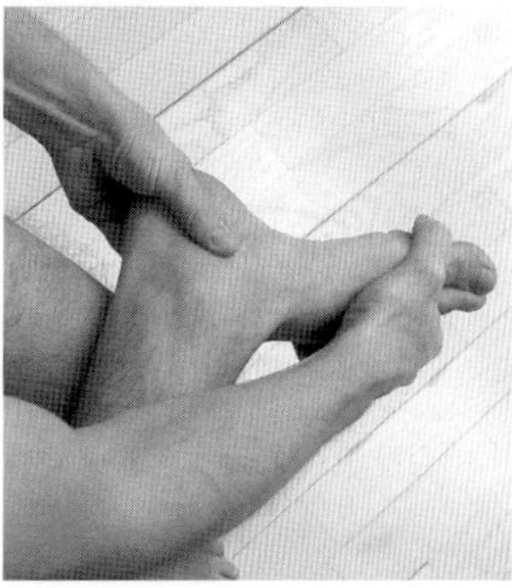

Diese Übungen können Sie schon zu Hause oder in der Garderobe beim Eincremen der Füße einbauen. Zum Golfspielen sollten Sie sich die Füße eincremen, weil Ihre Füße auf einer Golfrunde ziemlich strapaziert werden und eine Fußcreme die Haut beruhigt und Hautreizungen verhindert.

KRÄFTIGEN
20 Wiederholungen
3 Serien

Nun einige Kräftigungs- und Koordinationsübungen für eine gut funktionierende Muskulatur

1. Übung: *Im Sitzen übend trainieren Sie zur Automatisierung immer wieder die Abrollbewegung. Sie belasten den Fuß vom Fersenaußenrand bis zum Großzehenballen. Damit die Bewegung nur im Fuß- und Sprunggelenk stattfindet, geben Sie zur Fixierung die Hand locker auf das Knie oder beide Fäuste zwischen die Knie. Beim Druck auf den Fersenaußenrand heben Sie den Vorfuß, beim Druck auf den Großzehenballen hebt sich die Ferse.*

2. Übung: *Sie sitzen auf einem Hocker. Der Winkel zwischen Ober- und Unterschenkel ist größer als 90°. Dann legen Sie die Hände und Ellbogen auf die Innenseite der Kniegelenke und drücken die Knie gegen diesen Widerstand zusammen. Sie machen diese Übung richtig, wenn Sie spüren, wie sich das Gewölbe des Fußes hebt.*

Diese Übung finden Sie auch im Kapitel Kniegelenk, weil Sie dabei gleichzeitig die innere Stabilität im Kniegelenk aufbauen. Zur Kräftigung der Fußmuskeln reicht es, wenn Sie so oft als möglich barfuß gehen.

DAS KNIE-GELENK

Das größte Gelenk – und zugleich das meist strapazierte Gelenk – ist das Kniegelenk.

ANATOMIE UND FUNKTION

Im Kniegelenk liegt der runden Gelenkrolle des Oberschenkels eine fast ebene Schienbeinfläche gegenüber. Die Beugung setzt sich daher aus einer Abroll- und einer Gleitbewegung zusammen. Zwei Seitenbänder (das Innen- und das Außenband) dienen als Führungsbänder für die Beuge- und Streckbewegung. Ihnen und ihrer straffen Führung verdanken wir auch, dass das Gelenk nicht nach innen oder außen wegkippt. Innerhalb des Kniegelenks liegen noch zwei weitere Bänder, das vordere und das hintere Kreuzband, die ein übermäßiges Gleiten der Schienbeinfläche nach vorne und nach hinten verhindern. Sie dienen außerdem der Kontakterhaltung bei Drehbewegungen. Durch die relativ großen, aber nicht übereinstimmenden Gelenkflächen des Oberschenkels und des Schienbeins – die zudem großen Belastungen ausgesetzt sind – entstehen Freiräume im Gelenk, die durch den Innen- und Außenmeniskus ausgefüllt sind.

Wichtig für die aktive Stabilität des Kniegelenks ist eine kräftige, funktionstüchtige Muskulatur. Ist sie schwach, kommt es zu einer vermehrten Beanspruchung der Bänder, des Knorpels und des Knochens. Nur eine intakte Führung ermöglicht einen reibungslosen Gleitvorgang, der wiederum für die Ernährung des Gelenkknorpels wichtig ist, der ohne Bewegung austrocknet. Durch regelmäßige Bewegung wird die Gelenksflüssigkeit durchgemischt.

Am Kniegelenk ist neben dem Oberschenkel und dem Schienbein auch noch die Kniescheibe – die Patella – beteiligt. Die Kniescheibe wird von einer Sehne – dem Ligamentum Patellae, einer Fortsetzung der Quadricepssehne – gehalten.

STÖRUNGEN

Das Kniegelenk ist nicht nur das größte Gelenk des menschlichen Körpers, es ist auch das meist strapazierte. Extreme sportliche Beanspruchung, einseitige körperliche Belastung im Beruf – oft gekoppelt mit einer Fehlbelastung durch Achsenabweichungen – und Übergewicht beschleunigen die Abnützungserscheinungen.

Die meisten von uns verbringen den Großteil des Tages sitzend im Auto, am Schreibtisch oder vor dem PC und neigen daher zu einer Verkürzung der Beinmuskulatur. Viele haben Schmerzen beim Aufstehen aus dem Sitz und auch noch die ersten Schritte danach sind unangenehm. Bergab- und Stiegenabwärtsgehen ist schmerzhaft. Falls diese Probleme bei Ihnen auftreten, ist höchstwahrscheinlich der

Knorpel an der Rückseite der Kniescheibe abgenützt. Die Ursache ist fast immer ein sogenannter Kniescheiben-Hochstand durch die Verkürzung der vorderen Oberschenkelmuskulatur (Quadriceps) und der dazugehörenden Sehne, die über die Kniescheibe zieht. Die Kniescheibe läuft nicht mehr in ihrem Kanal, dadurch kommt es zu Abnützungen des Knorpelüberzuges auf der Hinterseite der Kniescheibe. In diesem Fall können Sie sich durch konsequentes Dehnen der Quadricepsmuskulatur – und dies mehrmals täglich – helfen.

SPEZIELLES TRAINING

Aufwärm- und Lockerungsübungen

Um die Muskulatur gut zu durchbluten, sollten Sie vor dem Dehnen locker im Stand gehen oder laufen.

Dehnen

	DEHNEN	
Präventiv:	5–10 Sek. halten	2 x je Seite
Bei Irritation:	30–90 Sek. halten	3 x je Seite

Dehnung der Muskulatur auf der Vorderseite des Oberschenkels (Quadricepsmuskel)

1. Übung: *Sie dehnen im Stehen. Um das Gleichgewicht besser halten zu können, stützen Sie sich mit einer Hand ab. Die andere Hand umgreift den Fuß beim Sprunggelenk, bringt die Ferse Richtung Gesäß und zieht dann den Oberschenkel nach hinten, bis Sie auf der Oberschenkelvorderseite ein Ziehen spüren. Bauch und Gesäß bleiben fest angespannt (denken Sie an einen Zippverschluss einer engen Jean, den Sie zumachen müssen), um die Lendenwirbelsäule zu stabilisieren. Sie sollten die Ferse Richtung Gesäß bringen, ohne ein Hohlkreuz zu machen. Können Sie den Fuß in dieser Position nicht erreichen, wählen Sie ein Handtuch zur Unterstützung.*

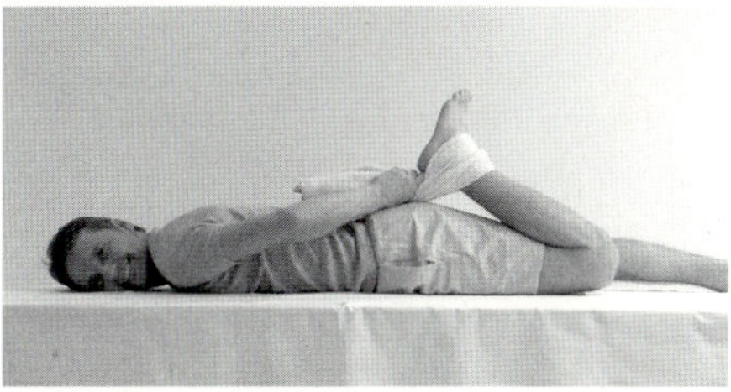

2. Übung: *Sie legen sich auf den Bauch. Mit einer Hand oder einem Handtuch umfassen Sie den Fuß derselben Seite und ziehen die Ferse langsam Richtung Gesäß, ohne das Becken vom Boden abzuheben.*

DEHNEN

Präventiv:	5–10 Sek. halten	2 x je Seite
Bei Irritation:	30–90 Sek. halten	3 x je Seite

Nach der Oberschenkel- Vorderseite dehnen Sie die Muskulatur der Rückseite des Oberschenkels

1. Übung: *Im Stehen. Sie stellen den Fuß auf einen Sessel oder eine Bank. Der Vorfuß bleibt locker, Sie neigen den Oberkörper mit geradem Rücken – wenn Sie auf die Lendenwirbelsäule greifen, müssen Sie eine Rille spüren – nach vorn und strecken gleichzeitig das Kniegelenk, bis Sie ein Ziehen auf der Rückseite des Oberschenkels bis maximal zur Kniekehle spüren.*

2. Übung: *Dazu legen Sie sich auf den Rücken, beugen ein Bein, umgreifen mit beiden Händen oder mit einem Handtuch den Oberschenkel oberhalb der Kniekehle (Oberarme und Schultern bleiben am Boden) und ziehen mit den Händen das gebeugte Bein Richtung Brust, bis Sie ein Ziehen im Gesäß spüren. Das andere Bein bleibt gestreckt am Boden. Aus dieser Position strecken Sie das gebeugte Bein, bis Sie die Dehnung spüren. Der Vorfuß bleibt locker. Das Bein darf dabei zittern.*

Kräftigen

KRÄFTIGEN
20 Wiederholungen
3 Serien

Für den Golfspieler ist eine kräftige Oberschenkelmuskulatur für viele Bewegungsabläufe von großer Relevanz. Bei der Ansprechposition zum Beispiel müssen die Muskeln das Gewicht des vorgeneigten Oberkörpers halten, um ein weiteres Einknicken der Kniegelenke zu verhindern. Beim Aufschwung müssen die Beine neben der Stabilisierung helfen, eine Spannung aufzubauen, damit sich der Oberkörper möglichst weit drehen kann. Beim Abschwung bis zum Finish sollen sie den Körper stabilisieren und für Gleichgewicht und Halt sorgen.

__1. Übung:__ Schon im Bett können Sie Ihre Beinmuskulatur trainieren: Sie liegen auf dem Rücken, die Beine liegen parallel und gleich im Knie- und Hüftgelenk gestreckt. Sie ziehen zuerst den Vorfuß hoch und rutschen mit den Fersen Richtung Gesäß. Dabei werden die Knie- und Hüftgelenke leicht gebeugt. Nun verharren Sie in dieser Position und verstärken den Druck der Fersen. Sie sollen ein Anspannen der Oberschenkelmuskulatur spüren.

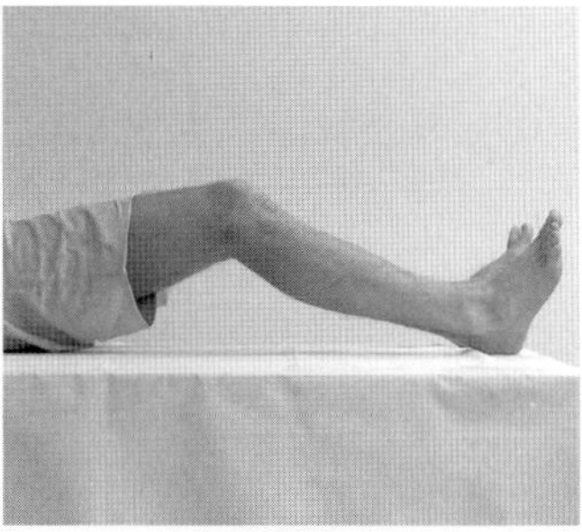

Bei bereits vorhandenen Knieproblemen ist diese Kräftigungsübung besonders geeignet, weil dabei das Kniegelenk nicht belastet wird. Von Vorteil ist es, wenn die Übung oft am Tag wiederholt wird – am besten stündlich. Dazu brauchen Sie sich aber nicht immer hinzulegen, Sie können diese Übung auch abgewandelt im Sitzen durchführen.

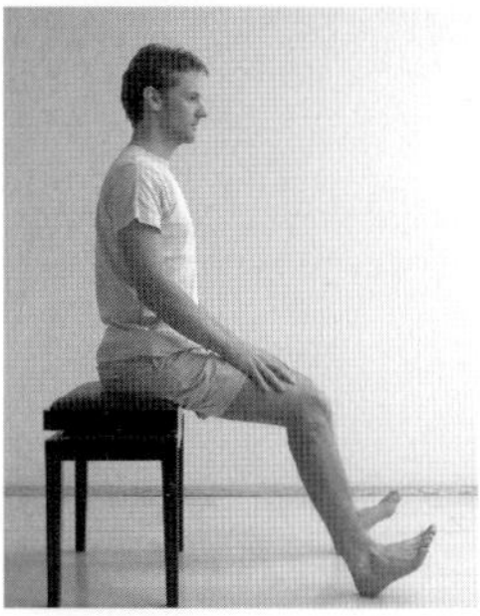

__2. Übung:__ Eine wesentlich schnellere Kräftigung erreichen Sie unter Zuhilfenahme des Körpergewichtes: Sie sitzen auf einem Hocker. Die Oberschenkel sollten leicht gespreizt und die Fersen näher beim Gesäß als das Knie sein. Sie neigen den Oberkörper gerade vor und heben das Gesäß leicht ab und setzen sich anschließend wieder hin. Achten Sie darauf, dass Sie sich nur einige Zentimeter vom Hocker abheben. Die Finger geben Sie in die Leiste, sie sollten die Bewegung des Hüftgelenks spüren.

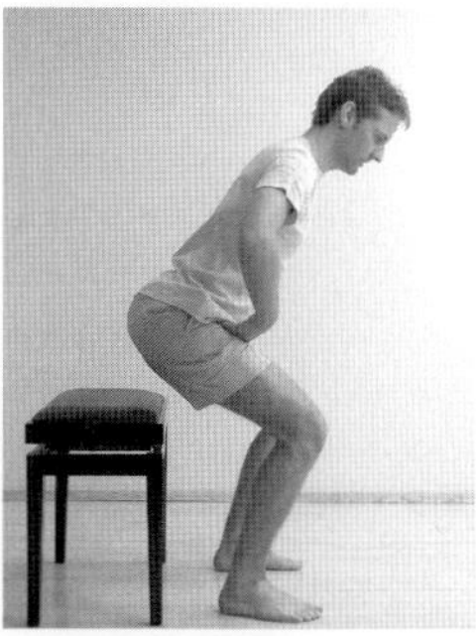

__3. Übung:__ Haben Sie keine Sitzmöglichkeit, wird diese Übung aus dem Stand gemacht. Dazu stellen Sie die Füße in hüftbreiten Abstand, die Hände vor dem Becken, die Finger sind zur Bewegungskontrolle in der Leiste. Sie schieben das Gesäß langsam nach hinten – so schieben als wollten Sie sich hinsetzen – und kommen langsam wieder hoch.

KRÄFTIGEN
20 Wiederholungen
3 Serien

4. Übung: *Wollen Sie nur eine Seite trainieren, so machen Sie einen großen Schritt zurück, das vordere Knie bleibt ruhig, während das hintere Knie sich dem Boden nähert. Der Oberkörper bleibt gerade. Sie kommen langsam und gleichmäßig ein paar Zentimeter hoch und gehen anschließend gleich wieder hinunter. Dann Seitenwechsel.*

5. Übung: *Zur Kräftigung der Rückseite des Oberschenkels – der ischiocruralen Muskulatur – legen Sie sich auf den Bauch und geben die Hände zur Kontrolle unter den Beckenkamm. Ein Bein gestreckt ein wenig von der Unterlage abheben – dabei aber nicht den Kontakt der Hände mit dem Becken verlieren – nun das Knie bis 90° beugen und strecken. Dann mit dem anderen Bein diese Übung wiederholen.*

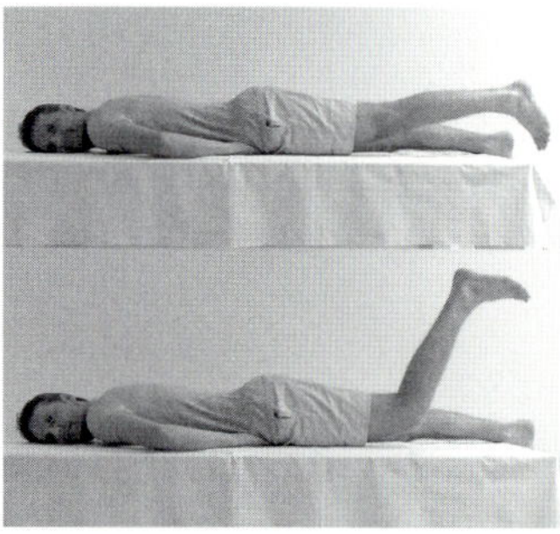

Besondere Beachtung sollten Sie der inneren Stabilität des Kniegelenks schenken. Bei der Aufschwungbewegung soll das Kniegelenk gut fixiert werden und nicht zu weit zur Mitte (in Richtung X-Bein) gehen, um das innere Seitenband und den damit verwachsenen inneren Meniscus zu schonen. Eine Instabilität im Kniebereich führt zu Schmerzen, die bis in den Unterschenkel ausstrahlen können. Oft wird beim Training der innere Anteil des Quadricepsmuskels vergessen, der aber ein wichtiger Kniestabilisator ist. Bei Knieproblemen verliert er rasch an Kraft, da er sich bei Schmerzen automatisch nicht mehr anspannt. Durch Kräftigung der häufig abgeschwächten inneren Oberschenkelmuskulatur können Sie das Knie besser stabilisieren und ein Überstrecken des Kniegelenks beim Aufschwung verhindern.

6. Übung: *Sie legen sich auf die zu trainierende Seite. Das am Boden liegende Bein wird im Knie- und Hüftgelenk gestreckt. Sie stellen den oberen Fuß mit der Ferse zum unteren Knie und heben nun den unteren Fuß aus dem Hüftgelenk (gestreckt!) an. Hier können Sie auswählen: a) 1 x langsam abheben und senken oder b) halten.*

Bei der inneren Kniestabilität wird der innere Anteil des Quadriceps noch von anderen Muskelgruppen unterstützt. Zur Kräftigung dieser Muskelgruppe folgende Übung:

7. Übung: *Sie sitzen mit leicht gegrätschten Beinen auf einem Hocker. Der Winkel zwischen Ober- und Unterschenkel muss mehr als 90° betragen. Sie legen die Hände und die Ellbogen auf die Knie und Oberschenkelinnenseite und drücken gegen den Widerstand der Hände und der unterstützenden Ellbogen die Knie zusammen. Damit keine Kreuzschmerzen auftreten, machen Sie, bevor Sie drücken, einen geraden Rücken. Bei dieser Übung sollte auch das Fußgewölbe automatisch gehoben und gekräftigt werden (deshalb war diese Übung auch schon im Kapitel Sprunggelenk und Fuß angeführt).*

8. Übung: *Sie sitzen, und das Kniegelenk soll 90° gebeugt sein. Die Hände legen Sie locker auf das Knie. Der Fuß bleibt am Boden und wird mit der Fußspitze nach innen gedreht. Groß- und Kleinzehenballen gleichmäßig belasten und die Zehen nicht einkrallen. Das Knie bleibt ruhig und wird von der aufliegenden Hand kontrolliert, die Vorfüße müssen immer am Boden schleifen. Nach ein paar Übungen trainieren Sie neben der Innendrehung auch die Außendrehung des Unterschenkels. Die Ferse bleibt fix am Platz, der Fuß wird rhythmisch von innen nach außen gedreht. Diese Übung sollten Sie während des Tages öfter wiederholen. Ihr Ziel sollten 60 Bewegungen pro Min. sein, um neben der Kräftigung der Drehmuskel (Rotatoren) eine gute Schmierung der Kniegelenke zu erreichen.*

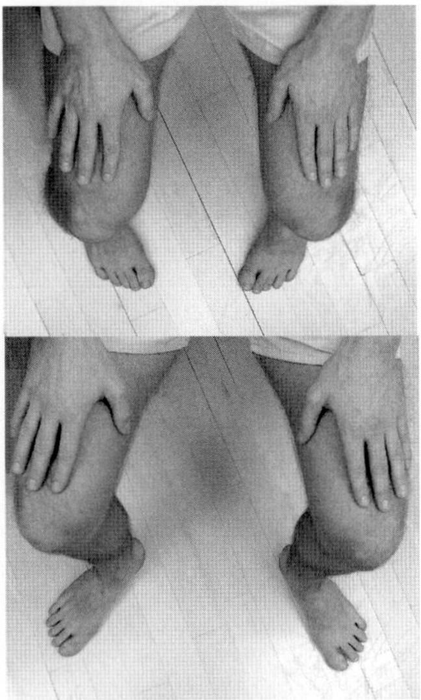

Ein Tipp: Wenn Sie beim Aufschwung Probleme mit der Kniestabilität haben, drehen Sie beim Üben auf der Drivingranch den Fuß nach innen; damit erschweren oder verhindern Sie eine Überstreckung. Trotzdem müssen Sie Ihre Muskeln kräftigen, damit Sie beim Aufschwung eine gute Spannung für einen guten Schwung aufbauen können. Überstrecken Sie beim Aufschwung das Knie, verändern Sie Ihre Schwungkurve und schlagen dadurch vor dem Ball in den Boden.

DAS HÜFTGELENK

Die Hüftgelenke sind die Verbindung der unteren Extremität mit dem Rumpf.

ANATOMIE UND FUNKTION

Das Hüftgelenk ist ein Kugelgelenk. Wichtiger als die Beweglichkeit ist die Stabilität dieses Gelenks, daher ist der Oberschenkelkopf von einer tiefen Gelenkspfanne umfasst. Das Bewegungsausmaß wird von Bändern, die die Gelenkskapsel verstärken, gehemmt, was aber andererseits eine höhere Stabilität ergibt. Die Stabilität des Beckens wird durch eine kräftige Hüftmuskulatur vervollständigt.

FUNKTIONSSTÖRUNG

Ist die Hüftmuskulatur zu schwach, fehlt die Stabilität, und es kommt zu Ausweichbewegungen. Meistens wird statt der natürlichen Beckendrehung der Oberkörper zur Seite geneigt. Diese Ausgleichbewegung des Oberkörpers überlastet die Wirbelsäule. Achten Sie auf einen richtigen Gang. (Wie Sie richtig gehen, können Sie im Kapitel Gang, Seite 23 nachlesen.) Eine ständige Fehlbelastung schädigt den Hüftgelenkskopf, es kommt zu Abnützungserscheinungen des Gelenkknorpels und folglich zu frühzeitiger Arthrose. Achten Sie also darauf, dass Sie beim Gehen im Fuß abrollen, die geringe Hüftstreckung ausnützen und dadurch Ihre Hüftgelenke und Wirbelsäule schonen.

Die Hüftbeugemuskulatur, die von der Lendenwirbelsäule über die Leiste zum vorderen Oberschenkel zieht, ist meist verkürzt. Auch hier liegt die Ursache in den heutigen Lebensgewohnheiten. Wir sitzen zu viel und strecken die Hüfte zu wenig. Um den Hüftbeuger gezielt dehnen zu können, testen Sie, welcher der Hüftbeugemuskeln zu kurz ist.

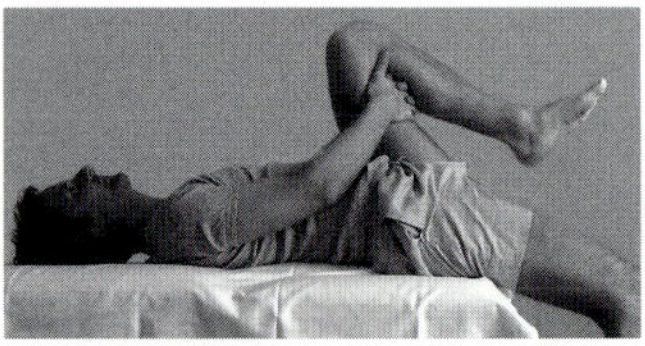

Test: *Sie legen sich in Rückenlage auf einen stabilen Tisch. Die Beine sind nicht mehr unterstützt und hängen über die Tischkante. Sie greifen in die Kniekehle eines Beines und ziehen es Richtung Brust. Das andere Bein hängt frei und sollte im Hüftgelenk strecken.*

Der Test zeigt, welche Muskeln besonders gedehnt werden müssen.

a) Erreicht der Oberschenkel nicht die horizontale Ebene, ist das ein Zeichen, dass die Hüftbeuger verkürzt sind.

b) Kann das Knie nicht einmal 90° gebeugt werden, ist ein Teil des über 2 Gelenke laufenden vorderen Oberschenkelmuskels (musculus quadriceps) verkürzt.

c) Wird das Bein mit Hüftbeugung seitlich abgespreizt, dann ist der Muskel, der an der Außenseite des Oberschenkels bis zum Knie verläuft (musculus tensor fasciae latae) zu kurz.

Aufwärmen
Vorher lockern Sie durch Laufen oder Springen die Muskulatur.

Dehnen

	DEHNEN	
Präventiv:	5–10 Sek. halten	2 x je Seite
Bei Irritation:	30–90 Sek. halten	3 x je Seite

Für die Hüftgelenksbeuger

1. Übung: *Sie knien auf der linken Seite, das rechte Bein ist aufgestellt und Sie bringen den Oberkörper mit angespannten Bauchmuskeln aufrecht nach vorn, das rechte Hüftgelenk wird dadurch noch mehr gebeugt und gleichzeitig das linke Hüftgelenk noch mehr gedehnt.*

Bei Knieproblemen ist die nächste Übung vorzuziehen.

2. Übung: *Sie stellen den rechten Fuß auf einen Sessel. Mit dem linken Fuß machen Sie einen großen Schritt nach rückwärts (so weit als möglich nach hinten, bis die linke Hüfte ordentlich gestreckt ist). Sie legen zur Beckenkontrolle die Hände auf das Becken. Das Becken darf nicht drehen, es wird gerade nach vorne unten geschoben. Der Oberkörper bleibt aufrecht. Um noch mehr Dehnung zu erreichen, drehen Sie die Zehenspitzen des linken Fußes nach innen.*

3. Übung: *Sie liegen mit dem Rücken auf einer stabilen Unterlage und umfassen ein Knie mit beiden Händen (bei Knieproblemen greifen Sie in die Kniekehle) und ziehen es zur Brust. Achten Sie darauf, dass die Lendenwirbelsäule aufliegt, damit es zur gewünschten Streckung des Hüftgelenks der Gegenseite kommt. Die Dehnung können Sie verstärken, indem Sie das gestreckte Bein gegen die Unterlage drücken.*

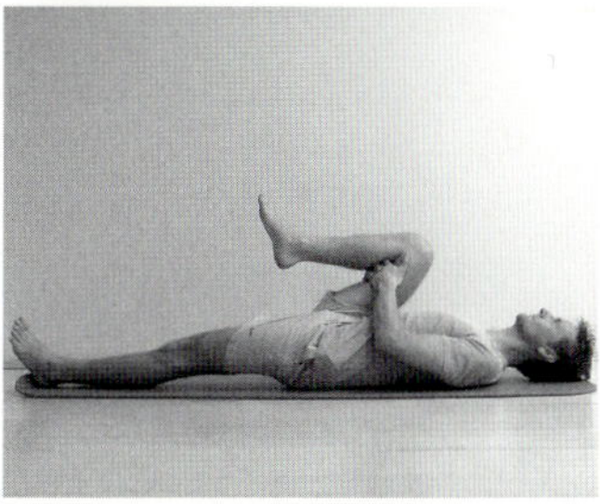

Kann beim Test das Knie nicht 90° gebeugt werden, muss die Vorderseite des Oberschenkels gedehnt werden. Wie schon beim Kniegelenk besprochen (dieser Muskel geht über zwei Gelenke), gibt es mehrere Möglichkeiten, ihn zu dehnen:

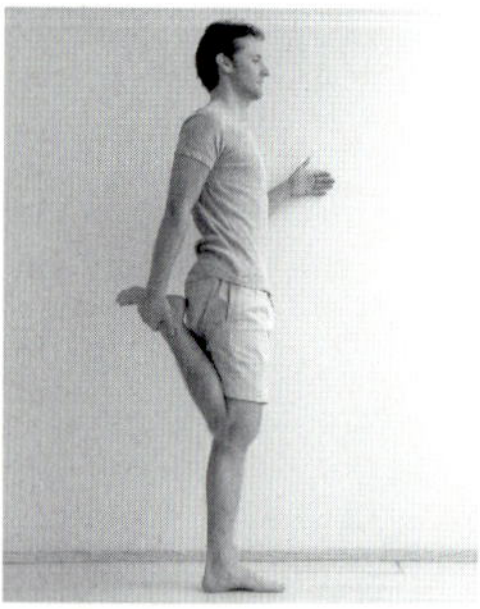

***1. Übung:** (Im Stehen.) Um das Gleichgewicht besser halten zu können, stützen Sie sich mit einer Hand ab. Die andere Hand umgreift den Fuß derselben Seite, bringt die Ferse Richtung Gesäß und zieht dann den Oberschenkel nach hinten, bis Sie auf der Oberschenkelvorderseite ein Ziehen spüren. Bauch und Gesäß bleiben fest angespannt, um die Lendenwirbelsäule zu stabilisieren. Sie sollten ohne Verstärkung des Hohlkreuzes die Ferse Richtung Gesäß bringen. Ist der Muskel zu stark verkürzt, wird ein Handtuch zur Unterstützung genommen.*

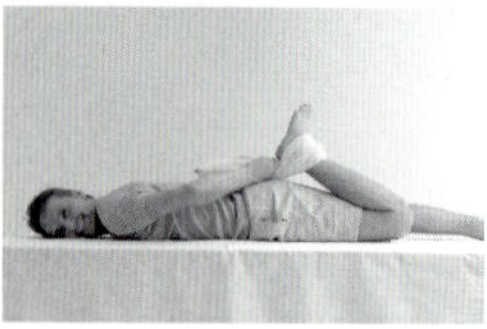

***2. Übung:** Sie legen sich auf den Bauch. Mit der einen Hand oder einem Handtuch umfassen Sie den Fuß derselben Seite und ziehen die Ferse langsam Richtung Gesäß, ohne das Becken vom Boden abzuheben.*

War beim Test in Rückenlage am Bett das Bein seitlich abgespreizt, dann müssen Sie unbedingt die nächsten Dehnübungen für die Außenseite des Oberschenkels machen. Ist dieser seitliche Muskel, der tensor fasciae latae, zu kurz, behindert er Sie beim Aufschwung.

Achtung: Von den folgenden drei Dehnübungen ist Personen mit einem künstlichen Hüftgelenk wegen Luxationsgefahr abzuraten.

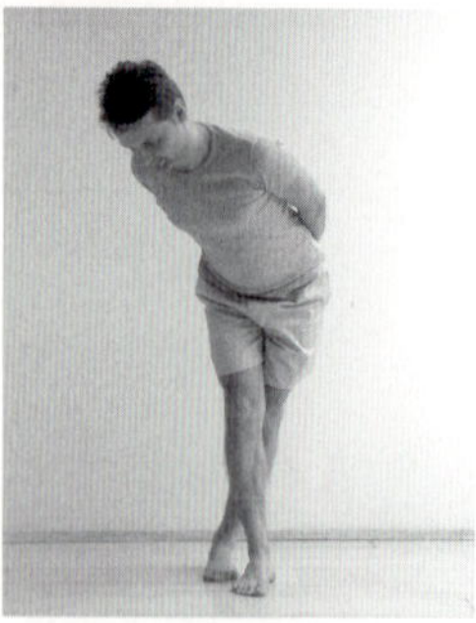

***1. Übung:** (Im Stehen.) Sie stellen das rechte Bein vor das linke, dann beugen Sie den Oberkörper nach vor und nach rechts, bis Sie die Dehnung auf der Außenseite des linken Oberschenkels spüren.*

2. Übung: *(Im Stehen.) Sie geben ein Bein zum Dehnen auf einen stabilen Tisch. Das Bein liegt in Hüfte und Kniegelenk gebeugt auf dem Tisch bis knapp oberhalb des Knöchels. Dieser soll frei sein. Das andere Bein steht neben dem Tisch und stabilisiert. Der aufrechte Oberkörper wird aus dem Becken gerade nach vorn gebracht, bis Sie ein Ziehen auf der Oberschenkelaußenseite spüren.*

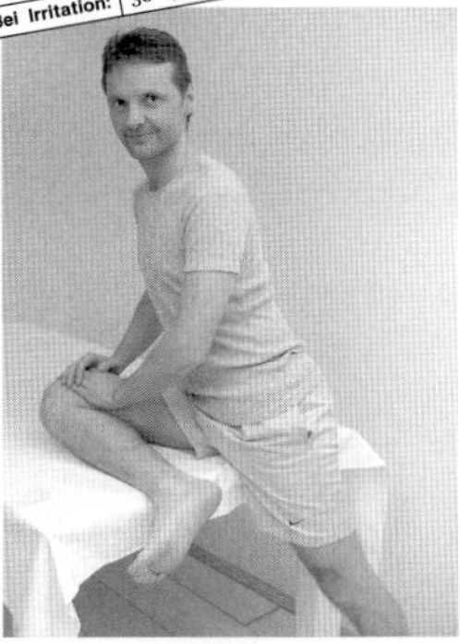

3. Übung: *(Im Sitzen.) Ist kein geeigneter Tisch vorhanden, setzen Sie sich auf einen Hocker, legen den Unterschenkel eines Beines knapp oberhalb des Knies auf den Oberschenkel der anderen Seite. Der Knöchel muss frei beweglich sein. Sie drücken das Knie des übergeschlagenen Beines nach unten. Der Oberkörper ist zuerst aufrecht, später gehen Sie mit geradem Oberkörper nach vorn.*

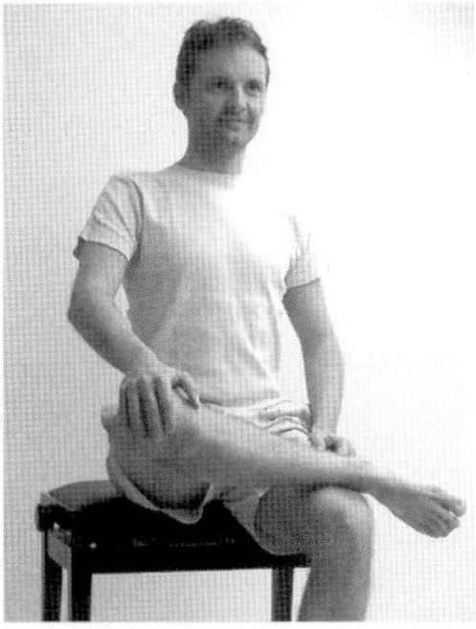

Für die Muskeln auf der Rückseite des Oberschenkels

1. Übung: *Das im Knie leicht gebeugte Bein wird mit der Ferse auf einen Sessel gelegt. Der Vorfuß bleibt locker. Sie beugen das Hüftgelenk und kommen mit dem Oberkörper mit geradem Rücken nach vor, bis Sie einen Zug auf der Rückseite des Oberschenkels oder in der Kniekehle spüren. Rhythmisch 10 x mit dem Oberkörper vor und wieder in die Ausgangsposition zurück kommen.*

2. Übung: *Sie liegen auf dem Rücken, beugen ein Bein, greifen mit beiden Händen in die Kniekehle, Oberarme und Schultern bleiben am Boden, Sie ziehen mit den Händen das gebeugte Bein Richtung Brust und pressen es an den Brustkorb, bis Sie ein Ziehen im Gesäß spüren. Das andere Bein bleibt gestreckt am Boden. Nun das gebeugte Bein aktiv strecken, bis die Dehnung gespürt wird. Der Vorfuß soll locker bleiben. Das Bein darf dabei zittern. 10 Sek. spannen/5 Sek. Pause, 10 x wiederholen.*

Bei den meisten Menschen sind die Adduktoren (Muskeln an der Innenseite des Oberschenkels) verkürzt und sollten daher regelmäßig gedehnt werden.

1. Übung: *Sie stehen vor einem Tisch und stützen sich mit beiden Händen ab. Die Beine sind gegrätscht und die Vorfüße leicht nach außen gedreht. Sie verlagern das Gewicht auf die linke Seite, indem Sie das linke Knie beugen und etwas nach vor schieben. Zur Kontrolle der Beinachse schauen Sie auf den Boden, das Knie sollte über dem Vorfuß sein und Sie dürfen den Vorfuß nicht sehen. Das Knie wird gebeugt, bis Sie ein Ziehen auf der rechten Innenseite des Oberschenkels spüren.*

20 Sek. halten, dann das Gewicht auf die linke Seite verlagern und ebenfalls 20 Sek. halten. 5 x auf jeder Seite.

Durch einen breiteren Beinabstand können Sie die Dehnung verstärken.

Kräftigung

Zuerst Übungen für die Muskeln, die das Hüftgelenk strecken

1. Übung: *Sie liegen auf dem Rücken, stellen die Beine auf und kommen mit dem Becken hoch, bis das Hüftgelenk ganz gestreckt ist. Diese Position 10 Sek. halten, dann das Becken langsam bis knapp über die Unterlage senken (ohne diese zu berühren) und wieder langsam hochkommen.*

2. Übung: *Die Ausgangslage bleibt gleich. Wenn das Becken hoch ist, wird ein Fuß 5 cm abgehoben. Diese Position 10 Sek. halten, ohne das Becken zu bewegen.*

3. Übung: *Zur Kräftigung Ihrer Bein- und Beckenmuskulatur stehen Sie mehrmals täglich nur auf einem Bein. Das fördert Ihr Gleichgewicht und Ihre Stabilität.*

Ausgangsbasis ist der 5 vor 1-Stand. (Siehe Seite 20: Fußlängsachse.) Sie verlagern das Gewicht auf die rechte Seite und rutschen mit dem linken Innenknöchel auf der Wade des rechten Beines bis in die Höhe der Kniekehle. Versuchen Sie das rechte Bein stabil zu halten. Gelingt das, wird der Kontakt des linken Fußes mit dem rechten Bein gelöst und der Fuß etwa 5 cm entfernt.

Anfangs dürfen Sie sich noch leicht abstützen, aber das Ziel ist der freie stabile Einbeinstand. Schwieriger wird es, wenn Sie auf einem Bein stehen und mit dem anderen Bein vor und zurück pendeln bzw. mit den Armen pendeln oder kreisen, oder die Übung auf einer beweglichen Unterlage machen.

In der unteren Extremität ist neben der Beweglichkeit und Koordinationsfähigkeit vor allem die Erhaltung der Stabilität sehr wichtig, um ein Zusammenwirken der Abschnitte Rumpf/Becken/Beine sowohl im Stehen als auch bei Bewegungen zu ermöglichen. In der oberen Extremität steht hingegen die Beweglichkeit im Vordergrund, damit wir mit unseren Armen möglichst frei und uneingeschränkt agieren können.

DAS SCHULTER-GELENK

Das Schultergelenk hat, im Vergleich zu allen anderen Gelenken, einen sehr großen Bewegungsumfang. Gerade für den Golfspieler ist ein gut funktionierendes Schultergelenk sehr wichtig. Ist es nicht frei beweglich, kommt es unweigerlich zu Problemen im Schulterbereich.

Der Schmerz bleibt aber meistens nicht nur lokal in der Schulterregion, sondern wandert in die jetzt fehlbelasteten und überlasteten Nachbargelenke. Betroffen ist dabei die gesamte Wirbelsäule und die obere Extremität. Meistens wird die fehlende Bewegung im Schultergelenk mit einer Bewegung in der Wirbelsäule kompensiert und diese überlastet.

Daher: Nur die freie Beweglichkeit des Schulterblattes und des Oberarmkopfes ermöglicht den lockeren Golfschwung. Bei Schulterproblemen immer auch die Hals-, Brust- und Lendenwirbelsäule beachten! Beim Aufschwung muss der Oberkörper gut drehen können, damit die Muskulatur des Schultergürtels nicht unnötig gereizt wird.

ANATOMIE UND FUNKTION

Das Schultergelenk besteht aus dem Oberarm und dem Schulterblatt. Es bildet eine funktionelle Einheit mit den Gelenken zwischen Schulterblatt und Brustkorb, Schulterblatt und Schlüsselbein (zusammen auch Schultergürtel genannt) sowie Schlüsselbein und Brustbein und damit die Verbindung mit dem Rumpf. Jede Bewegung im Schultergelenk zieht eine Bewegung im Nebengelenk nach sich. Damit ist das Schultergelenk das beweglichste Gelenk im menschlichen Körper.

Die große Beweglichkeit ist darauf zurückzuführen, dass die knöcherne Gelenkpfanne des Kugelgelenks wesentlich kleiner als der darin bewegliche Oberarmkopf ist. Die Pfanne ist sehr flach, die Gelenkkugel wird nur wenig umfasst und kein knöchernes Hemmnis schränkt die Bewegung ein. In diesem Fall lässt sich das Verhältnis Kopf/Pfanne mit einem Golfball auf einem T vergleichen. Die große Gelenkskapsel und die schlaffen Bänder ermöglichen die große Beweglichkeit, wesentliche Verstärkungsbänder, die das Schultergelenk schützen könnten, fehlen jedoch. Ein stabiler Halt ist nur durch die das Gelenk umfassende Muskulatur gegeben. Je nach Lage und Funktion wird die Schultermuskulatur in hintere, vordere und obere Fixatoren eingeteilt.

STÖRUNGEN

Ein gut funktionierendes Schultergelenk ist für das Golfspiel sehr wichtig. Ist es nicht frei beweglich, kommt es unweigerlich zu Problemen im Schulterbereich. Beim Aufschwung sollte zum Beispiel im Schultergelenk eine Außenrotation möglich sein, das heißt, der Oberarmkopf muss im Schultergelenk gleiten können. Ist diese Bewegung nicht möglich, weil eine Einschränkung der Bewegung im Gelenk vorhanden ist, weicht man – damit der Schlag gelingt – aus. Meistens wird die fehlende Bewegung im Schultergelenk mit einer Bewegung in der Wirbelsäule kompensiert und diese dadurch überlastet. Der Schmerz bleibt nicht nur lokal in der Schulterregion, sondern strahlt in die fehlbelasteten Nachbargelenke der oberen Extremität bis hin zur Wirbelsäule aus.

Durch Überbeanspruchung und Fehlbelastung kann es zu entzündlichen Veränderungen der Sehnen und zu schmerzhaften Reaktionen der Muskelansätze kommen. Probleme in der Schulter betreffen hauptsächlich die Schlagarmseite. Aber auch die gegenseitige Schulter kann betroffen sein, auf die durch mangelnde Rumpfdrehung beim Aufschwung eine starke Druckbelastung ausgeübt wird.

Schmerzhafte Reaktionen der Muskelansätze können folgende Ursachen haben:

- Überbeanspruchung der Muskulatur.
- Eingeschränkte Beweglichkkeit der betreffenden Gelenke.
- Unzureichendes und falsches Aufwärmen und Dehnen.
- Trainingsrückstand.
- Falsches Training mit zu vielen Schlagwiederholungen ohne Pausen.
- Mangelnde Technik.
- Falsche körperliche Voraussetzungen durch schlechte Haltung.

Wichtig für ein gut funktionierendes Schultergelenk ist die freie Beweglichkeit desselben und die des Schulterblattes, zusammen mit einer funktionstüchtigen Muskulatur. Auch hier gilt wieder die Kettenreaktion: Ist ein Glied in dieser Kette gestört, kommt es früher oder später zu Problemen. Die fehlerhafte Kette führt zu Schmerzen – zuerst nur in der Schulter, später kann die Wirbelsäule, der Ellbogen (Golfer- und/oder Tennis-Ellbogen) und auch die Hand mit Schmerzen reagieren. Bedingt durch eine schlechte Körperhaltung wird der Raum zwischen dem Schulterblatt und dem Oberarm eingeengt, und dadurch die freie Beweglichkeit des Arms eingeschränkt. Weiters reduziert sich durch den Rundrücken die Beweglichkeit des Schulterblattes.

Zum besseren Verständnis zunächst ein Selbsttest

1. Test: *Sie stehen mit vorgezogenen Schultern da (kleinen Rundrücken bilden) und lassen die Arme locker herunterhängen, dabei berühren die Daumen den Oberschenkel und der Handrücken schaut nach vorne. Nun heben Sie den im Ellbogen gestreckten Arm so weit als möglich vorne hoch, bis Sie einen merklichen Widerstand spüren.*

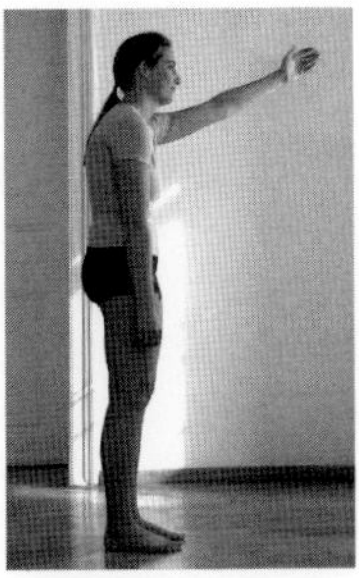

2. Test: *Sie atmen ein, das Brustbein hebt sich und Sie richten sich dabei auf. Die Arme hängen locker, die Daumen schauen nach vorne und die Handflächen berühren den Oberschenkel. Wenn Sie nun den im Ellbogen gestreckten Arm nach vor hochheben, werden Sie merken, dass in dieser Haltung der Arm viel höher gehoben werden kann. Beim Hochheben des Arms sollte es sofort zu einer Mitbewegung des Schulterblattes kommen. Bei einem Rundrücken ist das nicht oder nur verzögert möglich, weil das Schulterblatt am Brustkorb nicht ausreichend gleiten kann und damit die freie Beweglichkeit behindert wird.*

Um locker schlagen zu können, brauchen Golfer ein frei bewegliches Schultergelenk und eine gute Haltung. Zuerst beginnen wir mit einer Haltungskorrektur, da automatisch mit einer besseren, vor allem aufgerichteten Haltung eine bessere Position im Schultergelenk vorhanden ist.

Versuchen Sie aufrecht zu stehen. Atmen Sie ein, das Brustbein hebt sich, so bleiben und ruhig weiteratmen. Vorsicht: Nicht mit Brust heraus und Hohlkreuz! Sie verlagern damit Ihr Problem nur in die Lendenwirbelsäule. Das Aufrichten reicht und die Arme hängen locker in ihrer Verankerung, dem Schultergelenk, am Brustkorb.

Durch eine schlechte Haltung wird die muskuläre Fixierung des Schultergelenks falsch beansprucht, es kommt zu einer Dysbalance zwischen den einzelnen Muskelgruppen. Um den Normalzustand wieder herzustellen, müssen entweder die verkürzten Muskeln gedehnt oder die überdehnten Muskeln gekräftigt werden. In der Regel sind die vorderen Fixatoren des Schultergürtels zu kurz. Um dies zu lokalisieren, gibt es mehrere Selbsttests.

Selbsttests zur Lokalisation von verkürzten vorderen Fixatoren des Schultergürtels

1. Test: *Sie begeben sich in Rückenlage. Die Arme liegen neben dem Körper, Handflächen nach oben, die Daumen weisen weg vom Körper. Bringen Sie zuerst den rechten Arm – in Verlängerung der Schulter – bis 90° in die Horizontale. Erreicht der Arm nicht die Horizontale, liegt eine Verkürzung der oberen Anteile des Brustmuskels vor. Dasselbe probieren Sie mit dem linken Arm.*

2. Test: *Sie bleiben in Rückenlage, Arm- und Handhaltung wie oben. Der rechte Arm wird aus der 90°-Endposition des 1. Tests weiter Richtung Kopf geführt, ohne die horizontale Ebene zu verlassen. Heben Sie den Arm dabei ab, liegt eine Verkürzung der unteren Anteile des großen Brustmuskels vor.*

3. Test für die oberen Fixatoren (Muskeln):
Die Arme hinter dem Körper verschränken. Versuchen Sie jetzt, den Kopf zur Seite zu neigen, also Ihr Ohr Richtung Schulter zu bringen. Sie sollten mit dem Ohr annähernd die Schulter erreichen, ohne dabei die Schulter zu heben.

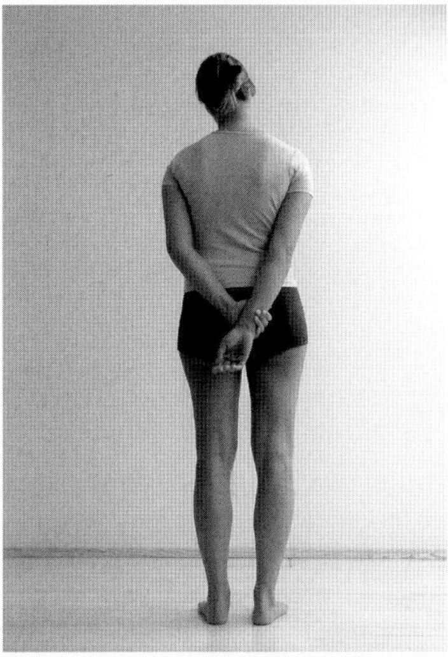

In der Schulterregion liegen die Ursprünge der Oberarmmuskeln, die dann im Ellbogenbereich ansetzen. Auch diese Muskeln neigen durch Fehlfunktionen zu Verkürzungen. In Verbindung mit Störungen im Schultergelenk kommt es zum Überlastungsschmerz der Schulter, des Ellbogens oder gar in beiden Gelenken.

Akute Verletzungen beim Golfen im Bereich der oberen Extremität sind selten, häufiger kommt es zu Überlastungsreaktionen. Auch hier gilt: Ignorieren Sie nie Schmerzen, sondern lassen Sie die Ursache abklären. Die meisten Schulterprobleme, die anfangs nur lästig sind, können, wenn sie übersehen werden, zu einer längeren Golfpause zwingen. Gegen Überlastungsschmerzen hilft ein gezieltes Übungsprogramm, sinnvoller ist es jedoch, vorbeugend schon die Muskeln zu dehnen und zu kräftigen.

SPEZIELLES TRAINING

Aufwärmen und Lockern

Diese Übung wird im Stehen oder Sitzen gemacht:

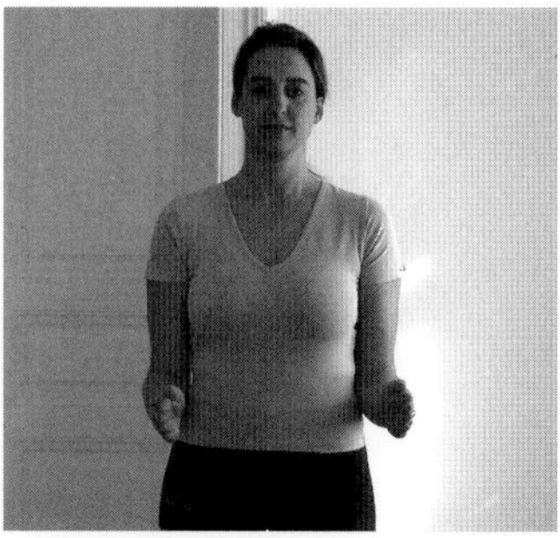

Die Arme hängen locker neben dem Körper, der Ellbogen wird gebeugt. Die Schultern leicht Richtung Ohr hochziehen, wieder senken. Am Ende der Schulterbewegung die Arme ca. 45° seitlich wegstrecken. Zuerst üben Sie die Bewegung isoliert – Schulter hoch, hinunter, Arme wegstrecken. Dann üben Sie rhythmisch mit fließendem Übergang weiter.

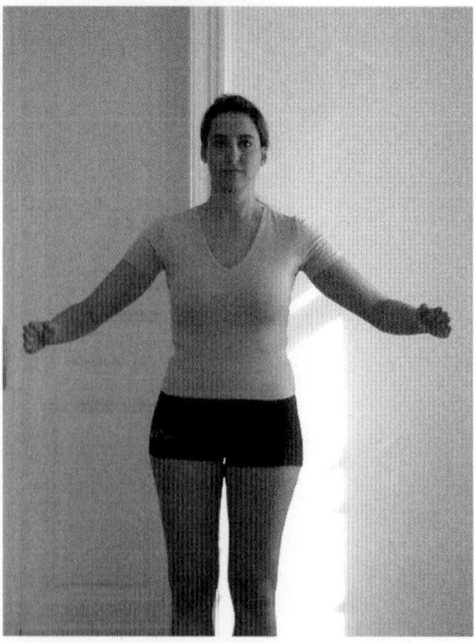

	DEHNEN	
Präventiv:	5 – 10 Sek. halten	2 x je Seite
Bei Irritation:	30 – 90 Sek. halten	3 x je Seite

Dehnen

1. Dehnen des großen Brustmuskels

1.Übung: *Sie stellen sich in einen Türrahmen, die Oberarme werden etwas über Schulterhöhe gehoben (d.h. leicht über den rechten Winkel), die Unterarme liegen am Türstock an. Nun lassen Sie einfach den Oberkörper so weit vorfallen, bis Sie ein merkliches Ziehen an der vorderen Schulter spüren. So bleiben Sie ca. 10 Sek., ehe Sie wieder in die Ausgangsposition zurückgehen.*

2. Übung: *Die Oberarme werden nun etwas steiler über Schulterhöhe gehoben (dazu rutschen Sie mit den Händen ca. 15 cm höher). Oberkörper vor, ebenfalls ca. 10 Sek. verharren und wieder in die Ausgangsposition zurück.*

2. Dehnen der Schulterblattmuskulatur

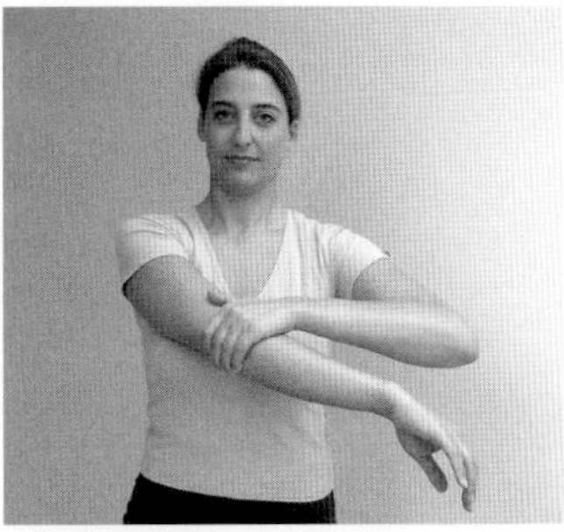

1. Übung: *Die linke Hand umgreift den rechten Ellbogen von oben und zieht den rechten Arm vor den Körper, bis Sie die Dehnung im Schulterblatt spüren. In dieser Position 10 Sek. verbleiben. Vorsicht: Die Schulter darf nicht hochgezogen werden!*

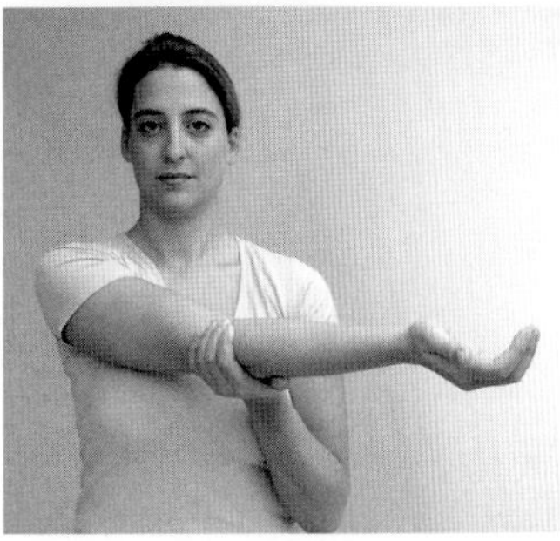

2. Übung: *Die linke Hand umgreift den rechten Ellbogen, diesmal von unten, und zieht den rechten Arm nach links, bis Sie die Dehnung im Schulterblatt spüren. Auch hier gilt: Die Schulter darf nicht hochgezogen werden! In dieser Position 10 Sek. verbleiben.*

KRÄFTIGEN
20 Wiederholungen
3 Serien

Kräftigen

Bei der Schulter ist meist der Brustmuskel verkürzt, die Schulterblattfixatoren sind überdehnt und abgeschwächt. Zur Kräftigung der schwachen Muskulatur beginnen wir mit Übungen in Bauchlage.

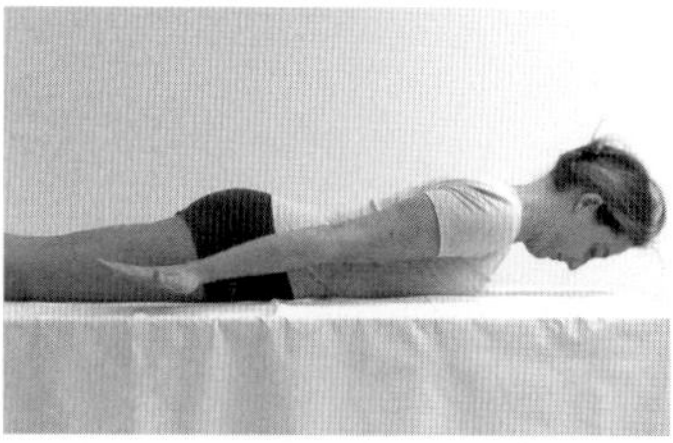

1. Übung: *Die Hände liegen neben dem Oberschenkel und der Handrücken schaut zur Decke. Sie heben zuerst ein wenig die Stirn und dann die Arme 5 cm neben der Hüfte ab.*

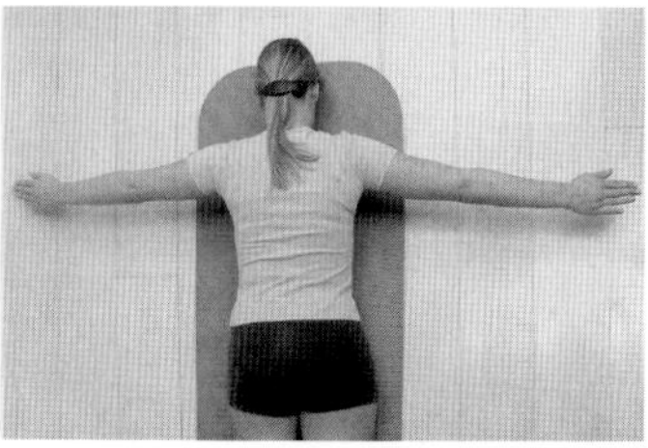

2. Übung: *Sie bringen die Arme seitlich vom Körper in Verlängerung der Schulter. Der Handrücken zeigt nach oben. Dann die Arme etwas abheben und senken. Vorsicht: Der Abstand von der Schulter zum Ohr bleibt unverändert!*

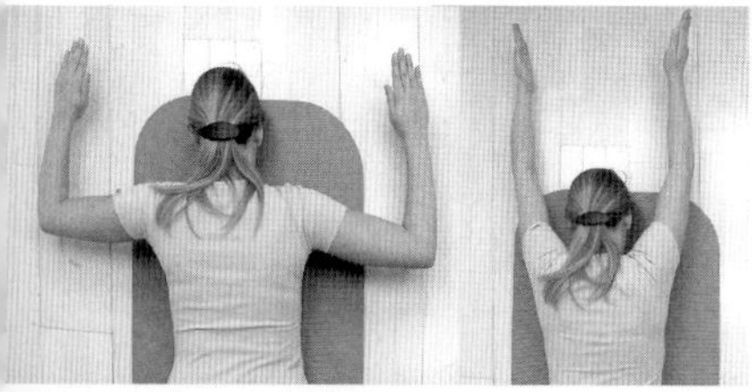

3. Übung: *Die 2. Übung ist die Ausgangsbasis, jedoch beugen Sie nun den Ellbogen so weit, bis der Ober- und der Unterarm einen rechten Winkel bilden. Dann strecken Sie die Fingerspitzen Richtung Kopf, bis der Oberarm sich neben dem Kopf befindet, und kehren wieder in die Ausgangsstellung zurück.*

4. Übung: *Die Außenrotation des Oberarmkopfes und die Mobilität des Schulterblattes sind für den Aufschwung wichtig, daher sollten Sie die 3. Übung oft durchführen – sie ist auch im Stehen oder Sitzen möglich. Verstärkt wird die Übung, wenn Sie in jede Hand eine Hantel nehmen. Nehmen Sie immer ein eher leichtes Gewicht (1–2 Kilo) und wiederholen Sie die Übungen dafür häufiger.*

Neben Übungen mit Hanteln hat sich auch das Theraband – ein elastisches Übungsband in verschiedenen Stärken, die durch unterschiedliche Farben gekennzeichnet sind – bewährt.

5. Übung: *Die Oberarme legen Sie am Körper an, die Unterarme im rechten Winkel dazu. Mit beiden Händen greifen Sie das Band, das aus der Faust über die Daumen laufen soll (Übung zur Daumenfixierung). Nur die Unterarme ziehen das Band auseinander, wobei der Oberarm den Kontakt zum Körper nicht verlieren darf. Zur besseren Kontrolle können Sie ein Handtuch zwischen Rumpf und Oberarm klemmen. Sie sollten zwischen den Schulterblättern die Bewegung spüren.*

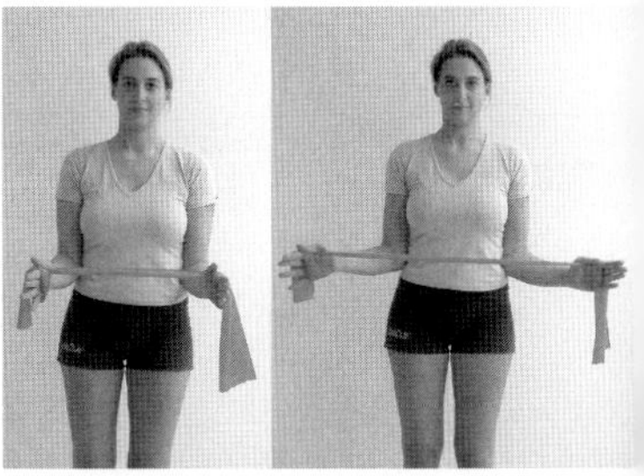

6. Übung: *Achten Sie hier darauf, dass das Theraband stets gespannt bleibt. Mit dem Theraband die Arme über den Kopf heben. Sie ziehen das Band auseinander und halten die Spannung. Sie beugen dann die Ellbogen, bis der Oberarm in Verlängerung der Schulter ist. Dann strecken Sie die Ellbogen und beugen sie wieder. Auch hier sollen Sie die Bewegungen der Schulterblätter spüren.*

7. Übung: *Zur Kräftigung der Schulterblattfixatoren legen Sie sich auf den Rücken und bringen die Oberarme in Verlängerung der Schulter, die Unterarme liegen im rechten Winkel dazu am Boden. Dann heben Sie die Hände von der Unterlage ab, bis die Fingerspitzen Richtung Decke zeigen, und drücken nur das Handgelenk gegen die Unterlage. Dabei sollten Sie ein Anspannen der Muskulatur zwischen den Schulterblättern spüren. Machen Sie die Übung auch tagsüber, z. B. im Büro, indem Sie sich gegen eine Wand lehnen oder sich eine Wand vorstellen, gegen die Sie drücken müssen.*

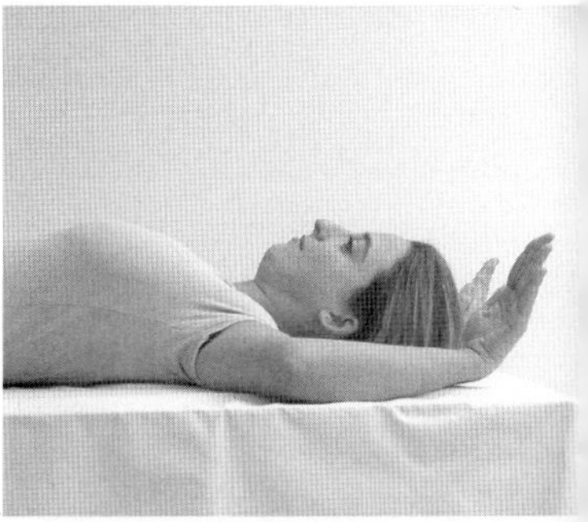

8. Übung: *Dabei kräftigen Sie neben den Schulterblattfixatoren auch die Rücken- und Beinmuskulatur, und trainieren zusätzlich Ihre Bauchmuskeln sehr effektiv. Sie knien nieder und stützen sich auf die Unterarme. Der kleine Finger liegt am Boden und der Daumen schaut zur Decke. Das Ellbogengelenk sollte unter dem Schultergelenk sein. Die Zehenspitzen sind aufgestellt, die Knie am Boden. Das Gesäß vom Boden möglichst weit abheben und dann das Kniegelenk strecken (dabei kommt das Gesäß noch höher). Das Becken langsam absinken lassen, bis der Körper horizontal annähernd gerade ist bzw. soweit die Muskulatur es zulässt. Nur die Unterarme und die Zehenspitzen halten den in einer Linie verlaufenden Körper.*

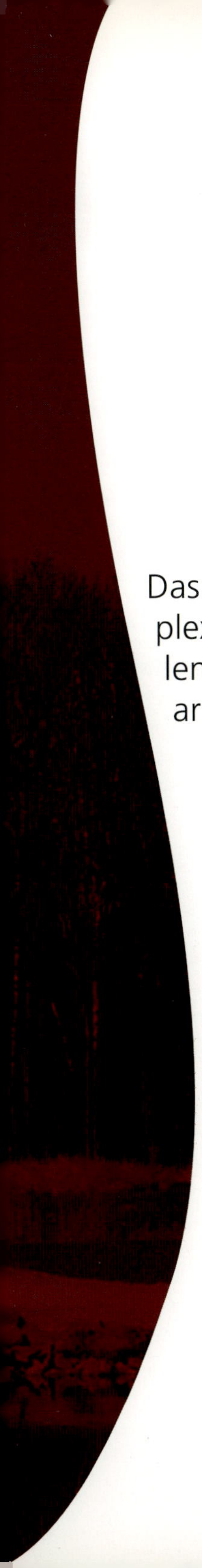

DER ELLBOGEN

Das Ellbogengelenk ist ein sehr komplexes Gelenk, das als mittleres Gelenk der oberen Extremität den Oberarm mit dem Unterarm verbindet.

ANATOMIE UND FUNKTION

Das Ellbogengelenk ist ein sehr komplexes Gelenk mit drei Gelenkkörpern, die aus dem Oberarm, der Elle und der Speiche bestehen. Das Gelenk ist knochen- und bandgesichert. Die Beugung und Streckung ist durch das Scharniergelenk gegeben. Die Streckung wird durch einen Anschlag am Oberarmknochen, die Beugung durch den Biceps begrenzt. Durch das Zusammenspiel der drei Gelenke sind in jeder Beuge- bzw. Streckstellung gleichzeitig Drehbewegungen des Unterarms möglich. Das Ellbogengelenk ist für uns als Ansatz der Oberarm- und Unterarmmuskulatur wichtig. Die Oberarmmuskulatur kommt von der Schulterregion und setzt am Ellbogen an. Die Unterarmmuskulatur hat ihren Ursprung am Ellbogen und endet in der Hand.

STÖRUNGEN

Die häufigsten Störungen im Ellbogenbereich sind Funktionsstörungen. Die Muskeln neigen zu Verkürzungen, als Folge kommt es am Muskelansatz zu lästigen Überlastungsschmerzen, die bis zu Entzündungen der Sehnenansätze führen. Diese reagieren mit schmerzhaften Bewegungseinschränkungen, es kommt zu degenerativen Veränderungen.

Diese Verkürzungen sind die Ursache des bekannten Tennis- und Golferarms. Beim Golfer-Ellbogen sind die Schmerzen auf der Innenseite des Ellbogengelenks, dem Ansatz der Beuger des Handgelenks, beim Tennis-Ellbogen am äußeren Anteil, dem Ansatz der Strecker des Handgelenks lokalisiert. Das Problem wird nicht beseitigt, wenn nur die lokale Entzündung behandelt und die eigentliche Ursache nicht behoben wird. Der Behandlungserfolg ist nur von kurzer Dauer und unbefriedigend.

Die verkürzten Muskeln erzeugen zu viel Kompression im Gelenk, daher ist neben manueller Therapie konsequentes, vorsichtiges Dehnen der betroffenen Muskeln notwendig. Unbedingt die Ursache der Schmerzen suchen. Eine zu schwache Armmuskulatur oder ein Probleme in der Halswirbelsäule, die den Schmerz dorthin projizieren kann, können genau so schuld sein wie ein neuer Schläger, ein schlechter Griff oder eine falsche Schlagtechnik. Lassen Sie regelmäßig von einem Pro überprüfen, ob Ihr Griff und Ihre Schwungtechnik in Ordnung sind.

Aufwärmen

Zum Aufwärmen und Lockern boxen Sie ganz locker nach vor, zur Seite und neben dem Kopf in die Höhe.

Dehnen

	DEHNEN	
Präventiv:	5 – 10 Sek. halten	2 x je Seite
Bei Irritation:	30 – 90 Sek. halten	3 x je Seite

Zuerst wird die Muskulatur des Oberarms gedehnt, die ihren Ursprung im Schultergelenk hat und am Ellbogen ansetzt.

1. Übung: *Dehnung des Biceps: Sie stehen mit dem Rücken vor einem Türrahmen und halten den Handrücken des gestreckten Armes dagegen. Jetzt drehen Sie den Oberkörper weg zur anderen Seite, bis Sie am Oberarm ein Ziehen spüren.*

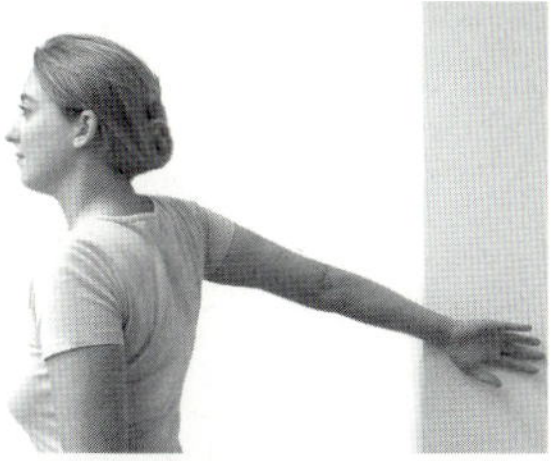

2.Übung: *Dehnung des Triceps: Legen Sie im Stehen oder Sitzen die flache Hand von oben zwischen die Schulterblätter auf die knöcherne Erhabenheit am unteren Ende der Halswirbelsäule. Diese ist leicht zu finden, wenn Sie den Kopf vorneigen. Den Kopf wieder zurückbringen, bevor die zweite Hand unter den Ellbogen kommt und diesen nach hinten führt, bis Sie ein Ziehen auf der Außenseite des Oberarmes spüren.*

Dehn- und Mobilisationsübungen

Die nächsten Übungen sollen mit rhythmischen Bewegungen durchgeführt werden. Sie erreichen dabei eine allgemeine Mobilisation verschiedenster Strukturen im Schulter- und Armbereich.

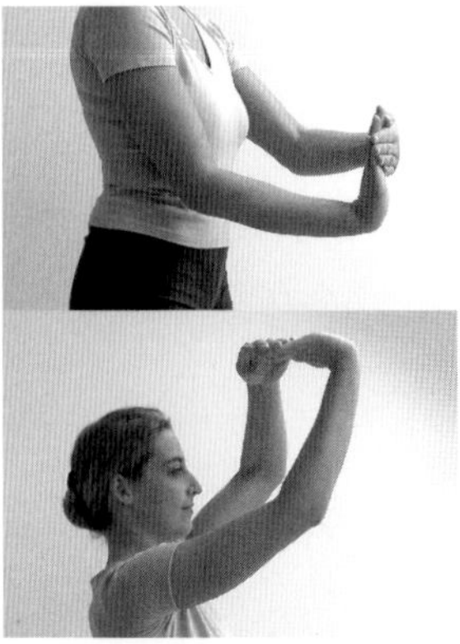

1. Übung: *Der rechte Oberarm bleibt am Körper, der Ellbogen ist gebeugt, das rechte Handgelenk wird in einen rechten Winkel (wie zum Gruß) eingestellt, wodurch die Handfläche nach vorn schaut. Die Finger der linken Hand werden über die Finger der rechten Hand gelegt. Die rechte Hand schiebt gegen den Führungswiderstand der linken Hand Richtung Decke, bis Sie ein Ziehen spüren und am Ende der Bewegung die Handfläche der rechten Hand sich möglichst parallel zur Decke befindet.*

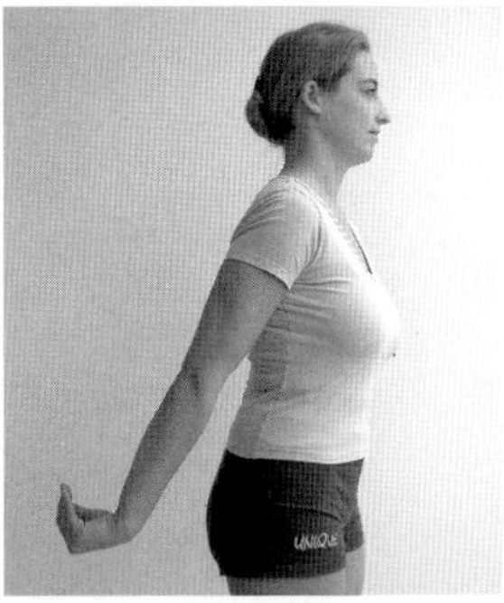

2. Übung: *Sie lassen die Oberarme neben dem Körper herunterhängen. Sie stellen sich nun vor, Sie müssen etwas nach hinten schaufeln, bis Sie ein Ziehen spüren.*

Um Zeit zu sparen, können Sie die 1. und 2. Übung kombinieren (= 3. Übung).

3. Übung: *Aus der Schaufelbewegung gehen Sie hoch und schieben die Handfläche hoch Richtung Decke. Zuerst die Bewegung einseitig üben, später beidseits – aber gegenläufig.*

Diese 3 Übungen machen Sie so lange, bis Sie das Gefühl haben, dass die Muskeln locker und entspannt sind.

In meiner Praxis muss ich immer wieder feststellen, dass Golfer häufig sowohl unter einem Golfer- als auch unter einem Tennis-Ellbogen leiden. Bei Problemen wie Golfer- oder Tennis-Ellbogen müssen Sie gezielter dehnen. Die Dehnübungen sollten mehrmals täglich durchgeführt werden. Es ist sehr wichtig, dass man damit schon morgens nach einem kurzen Lockern beginnt.

Lockern

Zum Lockern der harten, angespannten Muskulatur am Unterarm, die das Handgelenk beugt und streckt, den rechten Ellbogen beugen, der Daumen schaut zur Decke. Mit der linken Hand umgreifen Sie von oben knapp unterhalb des Ellbogens die angespannte Muskulatur. Sie halten nun die Muskeln, und nur diese, fest und drehen den betroffenen Unterarm gegen den Widerstand des Muskels nach innen. Locker lassen und die Übung ein paar Mal wiederholen, bevor Sie mit den Dehn- und Kräftigungsübungen beginnen.

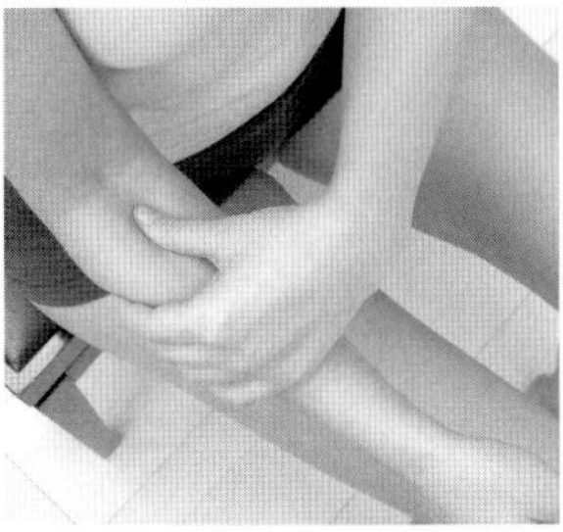

Dehnen

Bei einem Tennis-Ellbogen hilft es, so oft wie möglich die auf der vorhergehenden Seite erklärte Schaufelbewegung nach rückwärts durchzuführen. Im Akutfall stündlich, bis nach Dehnübungen die Ellbogenstreckung schmerzfrei möglich ist.

Um einen Golfer-Ellbogen zu verhindern, eine Übung für die Beugemuskulatur im Handgelenk am Unterarm: Der Oberarm befindet sich neben dem Körper, der Unterarm im rechten Winkel dazu. Mit der gesunden Hand werden das Handgelenk und die Finger maximal gestreckt. Die Finger schauen Richtung Boden. Dann streckt man langsam und vorsichtig den Ellbogen.

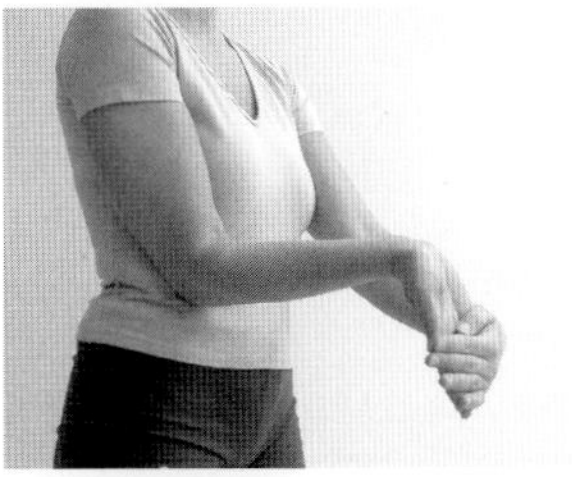

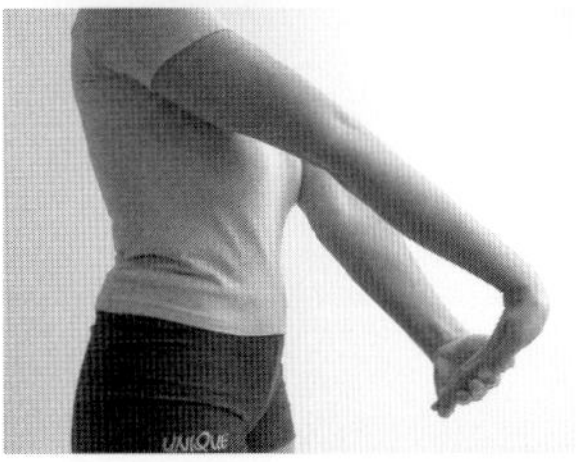

Sie halten die Dehnung 30–90 Sek. / 3–5 Wiederholungen genügen pro Stretching und mindestens 5 x am Tag.

KRÄFTIGEN
20 Wiederholungen
3 Serien

Kräftigung

Es muss vor allem der Triceps (das ist der Ellbogenstrecker), der meistens zu schwach ist, auftrainiert werden, weil er als Gegenspieler einen zu starken, vielfach auch stark verkürzten Biceps (der Ellbogenbeuger) hat

1. Übung: *Zur Kräftigung des Triceps setzen Sie sich auf eine Bank. Die Arme sind hinter dem Körper auf der Unterlage mit der Faust abgestützt. Der Daumen schaut nach vorn. Der gerade Oberkörper ist leicht nach rückwärts geneigt und wird durch Ellbogenstreckung hochgedrückt. Vorsicht: Nicht den Kopf vorschieben! Um das zu vermeiden, stellen Sie sich vor, Sie müssen einen Golf- oder Tennisball zwischen Kinn und Brustbein einklemmen.*

Strecken Sie immer wieder aktiv das Ellbogengelenk, damit der Triceps aktiviert wird und der Biceps nicht die Möglichkeit hat, sich zu verkürzen. Es müssen auch die Muskeln, die für die Drehbewegung des Unterarms verantwortlich sind (die sogenannten Pro- und Supinatoren), gekräftigt werden. Der Oberarm befindet sich neben dem Körper und der Unterarm im rechten Winkel dazu.

2. Übung: *Sie halten den Golfschläger zuerst in der Mitte und drehen ihn dann langsam so, dass Sie einmal auf den Handrücken und dann auf die geschlossene Faust schauen. Diese Übung sollten Sie zehnmal machen.*

3. Übung: *Sie nehmen den Schläger wieder in der Mitte und stellen sich vor, der Schläger sei der Minutenzeiger einer Uhr.*

Sie üben nun langsam kleinere Ausschläge, und zwar einmal zwischen 9 und 10 Uhr (5 x), und dann zwischen 2 und 3 Uhr (ebenfalls 5 x).

Um die Wirkung zu verstärken, wandern Sie mit den Fingern immer mehr gegen Griffende.

Ellbogenprobleme können oft ihre Ursache in der Hals- oder oberen Brustwirbelsäule haben, daher ist es notwendig, die Schulterblattfixatoren zu kräftigen.

Kontrollieren Sie Ihre Haltung vor dem Spiegel!
Stehen Sie mit vorgezogenen Schultern und immer leicht gebeugten Ellbogen da? – Vorsicht: Achten Sie auf Ihren Ellbogen!

HANDGELENK UND FINGER

Handgelenk und Finger sind die vom Rumpf am weitesten entfernten Gelenke der oberen Extremität.

ANATOMIE UND FUNKTION

Damit die Hand ihre Funktion als Greiforgan erfüllen kann, müssen zahlreiche Knochen miteinander und oft gegeneinander bewegt werden können.

STÖRUNGEN

Golfer klagen häufig über Schmerzen beim Schlag im Handgelenk auf der Kleinfinger-Seite. Zwischen dem Handgelenk und dem Unterarm gibt es auf der Kleinfingerseite den discus triangularis (der ähnlich dem Meniscus im Kniegelenk die Unebenheit im Gelenk ausfüllt), der Golf- und Tennisspielern oft Beschwerden bereitet, weil er eingequetscht wird. Ist das Ende der Unterarmdrehung – Sie schauen einmal auf den Handrücken, dann auf die offene Hand – schmerzhaft, haben Sie wahrscheinlich Probleme mit dem Discus, der eingeklemmt wird. Gefährdet sind hier vor allem Tennisspieler, die gewöhnt sind, aus dem Handgelenk "nachzupeitschen". Bei starken Schmerzen konsultieren Sie unbedingt einen Facharzt, spüren Sie die Stelle nur ab und zu, müssen Sie lernen, durch Kräftigung der Muskulatur das Handgelenk zu stabilisieren. Eine verkürzte Unterarmmuskulatur kann zu Fehlfunktionen führen. Hier hilft Dehnen der Muskeln, nachdem Sie sie gelockert haben (wie beim Ellbogen).

SPEZIELLES TRAINING

Lockern

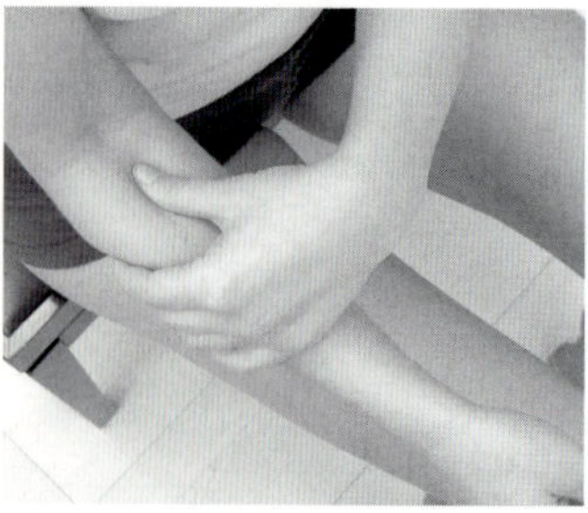

Zum Lockern der Unterarmmuskulatur beugen Sie den rechten Ellbogen, der Daumen schaut zur Decke. Mit der linken Hand umgreifen Sie von oben knapp unterhalb des Ellbogens die verspannte Muskulatur. Sie halten nun die Muskeln, und nur diese, fest und drehen den betroffenen Unterarm gegen den Widerstand des Muskels nach innen. Locker lassen und die Übung mehrmals wiederholen.

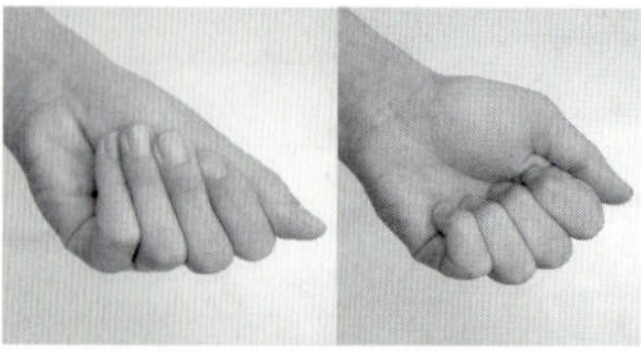

Zum Lockern der Finger bringen Sie alle Finger Richtung Daumenballen. Sie beugen alle Finger und ziehen mit den Fingerkuppen durch die Handfläche, bevor Sie die Finger wieder strecken. Ein paarmal wiederholen, und Sie sind locker für die Dehnübungen.

DEHNEN		
Präventiv:	5–10 Sek. halten	2 x je Seite
Bei Irritation:	30–90 Sek. halten	3 x je Seite

Dehnübungen für die Beugemuskulatur des Handgelenks

1. Übung: *Sie falten die Handflächen wie zum Gebet und ziehen die beiden Hände Richtung Boden.*

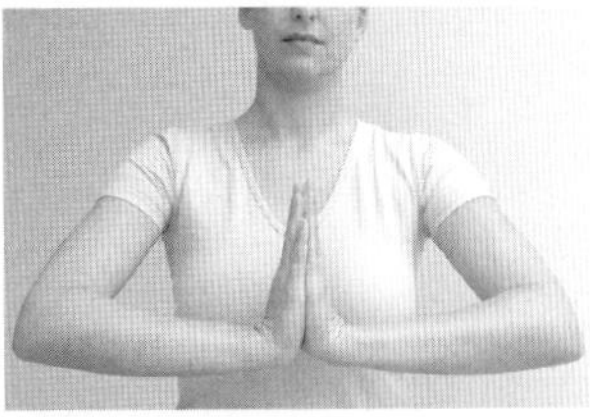

2. Übung: *Zur Dehnung der Streckmuskulatur bringen Sie Handrücken gegen Handrücken und ziehen beide zum Körper, ohne dass die Handflächen den Kontakt zueinander verlieren.*

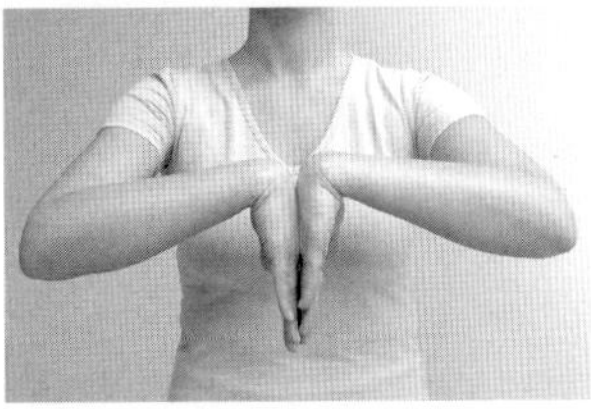

Kräftigungsübungen zur Stabilisierung des Handgelenks

Viele glauben, dass ein guter Golfer besonders starke Handmuskeln braucht. Dank besserer Ausrüstungen und neuer Schwungtechniken wird die Rolle der Hände beim Schlagen minimiert. Aber nach wie vor spielt das Beugen (seitwärtskippen) und Strecken der Handgelenke eine wichtige Rolle, sie dürfen nicht eingeschränkt sein.

1. Übung: *Drücken Sie einen Tennisball oder einen Schwamm mit leicht erhobenem Handgelenk. Konzentrieren Sie sich auf die Bewegung, es sollten alle Finger drücken. Vergleichen Sie die rechte mit der linken Hand. Bei Rechtshändern dominiert naturgemäß die rechten Seite. Für einen guten Griff brauchen Sie die Zusammenarbeit beider Hände. Keine Seite soll dominieren. Ist eine Seite zu schwach, muss sie auftrainiert werden, bis Sie das Gefühl haben, gleich stark zu sein.*

2. Übung: *Den Tennisball halten und weiter drücken, nur drehen Sie jetzt die Hand, bis der Daumen oben ist und die Kleinfingerseite zum Boden schaut. Nun wird das Handgelenk angewinkelt und wieder gestreckt – verharren. Den Effekt verstärken Sie, wenn Sie eine leichte Hantel oder eine Stonie (= 1 oder 1,5 Kilo schwerer Ball) verwenden.*

KRÄFTIGEN
20 Wiederholungen
3 Serien

DIE WIRBELSÄULE

Von den Extremitäten kommen wir jetzt zu der Wirbelsäule, die der zentrale Stab des Rumpfes ist und gleichzeitig das strukturelle und funktionelle Zentrum des menschlichen Körpers. Sie hat neben ihrer strukturellen Halte- und Stützfunktion auch die funktionelle Aufgabe, die motorischen und sensorischen Reize von der Peripherie in das zentrale Nervensystem weiterzuleiten.

ANATOMIE UND FUNKTION

Zum besseren Verständnis der Wirbelsäule muss zuerst die Anatomie und die Funktion in Erinnerung gebracht werden.

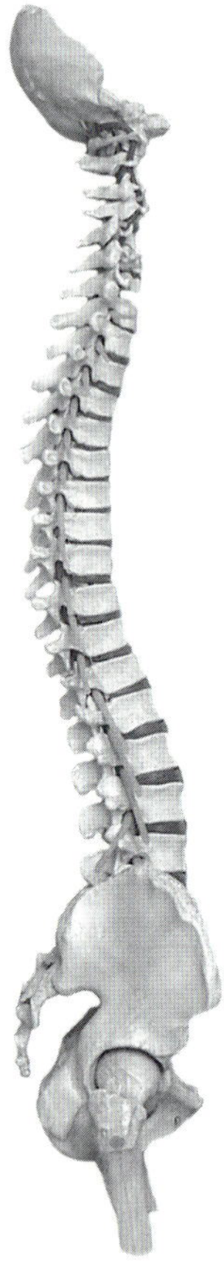

Im Normalfall besteht die Wirbelsäule aus 24 einzelnen Wirbelkörpern und dem Kreuzbein. Die Halswirbelsäule setzt sich aus 7, die Brustwirbelsäule aus 12 und die Lendenwirbelsäule aus 5 Wirbelkörpern zusammen. Das untere Ende der Wirbelsäule geht in das Kreuzbein über, welches beidseits durch ein Gelenk und zahlreiche, äußerst starke Bänder mit den Beckenschaufeln verbunden ist.

Von der Wirbelsäule verlangen wir einerseits Tragfunktion, andererseits eine gute Beweglichkeit. Um diese gegensätzlichen Anforderungen erfüllen zu können, befindet sich zwischen den knöchernen, festen Strukturen weiches Bindegewebe – die Bandscheibe.

Die Bandscheiben und die Verspannung der Bänder sowie die Doppel-S-förmige Krümmung der Wirbelsäule haben eine Stoßdämpfer-Funktion.

Am wichtigsten sind dabei die BANDSCHEIBEN

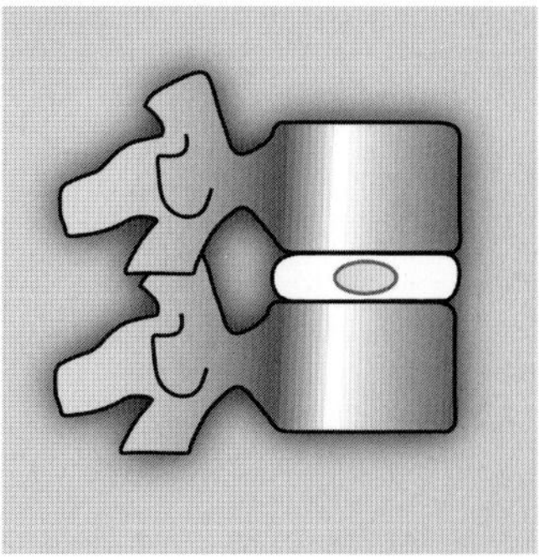

Durch Belastung werden die Bandscheiben zusammengedrückt und bei längerer Entlastung nehmen sie wieder die ursprüngliche Form an. Der Wechsel zwischen Be- und Entlastung ist wichtig, weil dadurch die Ernährung der Bandscheibe gesichert wird. Die Höhe der Bandscheibe bestimmt den Grad der Beweglichkeit in der Wirbelsäule. Solange sie intakt sind, können sie durch ihre besondere Struktur große Belastungen aushalten. Ab dem 20. Lebensjahr beginnt ein Abbau und Elastizitätsverlust. Die Bandscheibenabnützung ist ein normaler Prozess, der jeden betrifft. Aber auch darauf können Sie durch Ihre Haltung und Ihre Lebensgewohnheiten positiv einwirken. Die Stabilität der Wirbelsäule wird durch die Wirbel, durch bindegewebige Verbindungen, durch die Rückenmuskulatur und an der Vorderseite durch den Brust- und Bauchraum gewährleistet. Vergleichbar mit einem Schiffsmast kann sie nur gegen stärkere Beanspruchung und gegen äußere Einflüsse stabilisieren, wenn sie gut vertäut ist. D.h.: Die Muskulatur muss in einem guten, leistungsfähigen Zustand sein.

Eine entscheidende Rolle spielt dabei die Bauchmuskulatur, die zusammen mit der Rückenmuskulatur und der Beckenbodenmuskulatur der wichtigste aktive Stabilisator der Wirbelsäule ist.

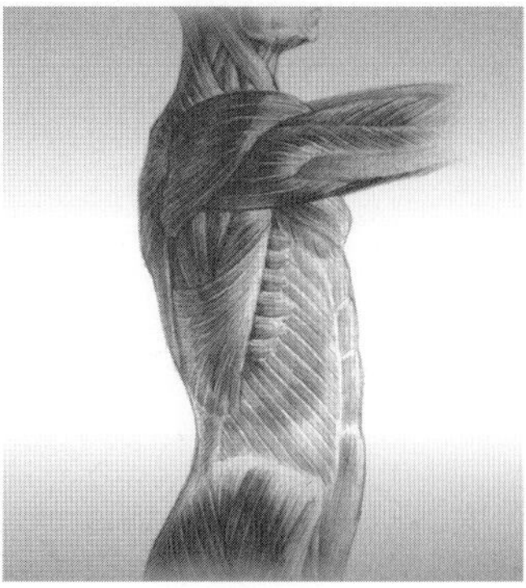

Die Tragfähigkeit und aktive Mobilität der Wirbelsäule ist durch eine gut funktionierende Muskulatur bedingt. Jede Schwächung der Muskulatur und somit der Stabilität führt sofort zu einer vermehrten Beanspruchung der Wirbelsäule, ihrer Wirbelkörper, Wirbelgelenke, Bandscheiben und Bänder. Die Muskulatur kann durch schlechte Haltung, Inaktivität, aber auch durch eine Verletzung geschwächt werden. Dieser Kraftverlust führt zu einer stärkeren Belastung der Wirbelsäule und zu Überbeanspruchungs- und Abnützungserscheinungen. Als Folge treten Schäden auf, die sich auf die Leistung und Belastbarkeit negativ auswirken.

Die Wirbelsäule – von der Seite betrachtet – sollte in der Halswirbelsäule eine lordotische, in der Brustwirbelsäule eine kyphotische und in der Lendenwirbelsäule wieder eine lordotische Krümmung haben. In dieser Anordnung sind die Wirbelkörper gegeneinander frei beweglich und die Bewegungen können ungehindert in der Wirbelsäule weiterlaufen. Bei achsengerechter Belastung der Wirbelsäule können Sie mit wenig Muskelarbeit, unter Berücksichtigung der Schwerkraft, das Gleichgewicht halten.

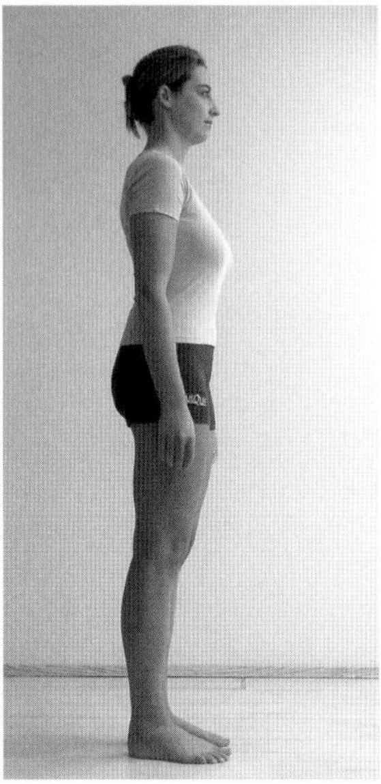

Die Wirbelsäule ist in ihren physiologischen Krümmungen eingestellt, d. h. der Kopf balanciert auf der Halswirbelsäule, auf dem durch die Rückenmuskulatur aufgerichteten Brustkorb hängen locker die Arme. Das leichte Hohlkreuz kippt das Becken etwas nach vorne und bringt dadurch das Hüftgelenk in eine leichte Beugung. Das Kniegelenk ist nicht ganz gestreckt. Der Kniestrecker (Quadriceps) verhindert ein Einknicken. Und das Körpergewicht soll über der Mitte der Füße ruhen.

In dieser Position wird mit wenig Muskelaktivität das Gleichgewicht gehalten und Sie sind jederzeit zu Gewichtsverlagerungen und Bewegungen bereit.

Entlang der gesamten Wirbelsäule treten Nerven aus und gehen zu den Muskeln und veranlasssen diese zu einer Bewegung, wenn ein Reiz ausgesandt wird. Die Sinnesnerven melden die Anspannung des Muskels und auch andere Informationen wie die Stärke der Anspannung, die Bewegung, Stellung und Winkel des Gelenks etc. an das zentrale Nervensystem zurück. Die enge örtliche Beziehung zwischen Nerven und Wirbelsäule hat auch zur Folge, dass sich Abnützungs- und Verschleißerscheinungen direkt auf das Nervensystem und dessen Funktion auswirken.

Die Wirbelsäule kann ihrer Aufgabe als zentraler Pfeiler für Haltung und Bewegung nur dann gerecht werden, wenn Wirbelkörper, Wirbelgelenke, Bänder, Bandscheiben und Muskulatur eine funktionelle Einheit bilden. Ist dies gewährleistet, arbeitet die Wirbelsäule als schützendes System für die Nervenstrukturen.

Die häufigsten Fehlhaltungen entwickeln sich durch schlampige, lässige und schlechte Haltung über einen längeren Zeitraum, sind aber noch aktiv korrigierbar. Unternimmt man nichts dagegen, dann geht die Fehlhaltung in eine Fehlform über, das bedeutet, dass sich Knochen, Sehnen und Bänder an diese Position anpassen und sich entsprechend umbauen. Diese Fehlformen sind also knöchern fixiert und daher nur bedingt beeinflussbar. Gezieltes, regelmäßiges Training hilft, den momentanen Zustand zu erhalten, eventuell zu verbessern, vor allem aber eine Verschlechterung zu verhindern, was jedenfalls zur Hebung der Lebensqualität beiträgt.

Eine gut trainierte Muskulatur ist die beste Voraussetzung für eine gute Haltung und für einen gut koordinierten Bewegungsablauf. Das heißt: Ihr TRAININGSZUSTAND bestimmt Ihre Haltung. Sie sind alleine dafür verantwortlich!

Die Fehlhaltung basiert auf einem gestörten Zusammenspiel der einzelnen Muskeln, welche durch gezieltes Dehnen der verkürzten Muskulatur und Kräftigung der abgeschwächten Muskulatur zu beheben ist und die Wirbelsäule wieder beweglich macht.

Der menschliche Körper ist sehr logisch aufgebaut und leicht zu verstehen. Am Beispiel eines Bewegungssegments der Wirbelsäule möchte ich demonstrieren, was bei den einzelnen Bewegungen passiert.

Zu einem Bewegungssegment gehören 2 benachbarte Wirbelkörper mit der dazwischen liegenden Bandscheibe, den Wirbelbogengelenken, den Bändern und der dazugehörenden Muskulatur. Dieses Prinzip gilt für die gesamte Wirbelsäule.

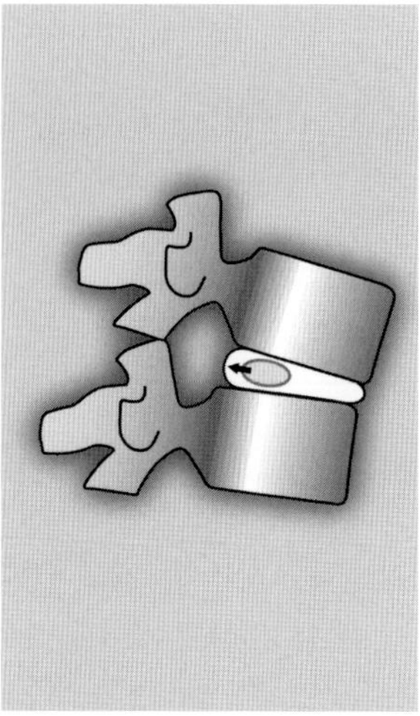

Jede Stellungsänderung der Wirbelkörper zueinander verändert die Belastung und die Druckverhältnisse in der Bandscheibe. Beim Vorneigen der Wirbelsäule wird die Bandscheibe vorne, den dem Bauchraum näheren Teil, zusammengepresst. Der im Zentrum der Bandscheibe liegende gallertartige Kern wird dabei gleichzeitig nach rückwärts verdrängt. Der Faserring der Bandscheibe und die Bänder verhindern ein Abgleiten in den Zwischenwirbelraum. Wird aber die Festigkeit des straffen Bandscheibenfaserringes durch extreme Krafteinwirkung überfordert, kann dieser einreißen und Bandscheibengewebe kann in den Wirbelkanal austreten und auf die dort verlaufenden Nerven drücken. Man spricht dann von einem Bandscheibenvorfall mit Nervenwurzelkompression.

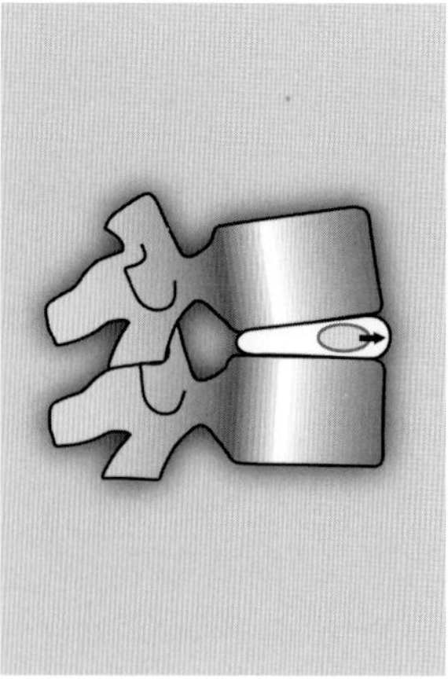

Beim Rückneigen der Wirbelsäule wird das Bandscheibengewebe hinten zusammengedrückt und der Bandscheibenkern nach vorn verlagert. Während beim Vorneigen in erster Linie die Bandscheiben belastet werden, haben beim Rückneigen die Wirbelbogengelenke die Last zu tragen. Es kommt zu einem verstärkten Druck auf die Gelenkflächen der Wirbelbogengelenke. Durch die vermehrte Belastung kann es zu frühzeitigen Abnützungserscheinungen und zu schmerzhaften Reizzuständen kommen. Nicht auszuschließen ist ein vorzeitiger Verschleiß des Knorpels. Ist in einem Segment der Knorpel verbraucht, kommt es zu einer lockereren Gelenksführung und das Gelenk wird instabil.

Welche Bewegungen finden in der Wirbelsäule statt?

Ein Drehen des Kopfes in jede gewünschte Richtung wird durch die Wirbelsäule möglich. Hals-, Brust- und Lendenwirbelsäule können unabhängig voneinander bewegt werden.

Die Vor- und Rückwärtsbewegung erfolgt hauptsächlich in der Hals- und Lendenwirbelsäule. Die besondere Beweglichkeit in diesen Abschnitten macht sie anfälliger gegen Verletzungen, und auch Überlastungsschäden treten hier, wegen der starken Belastung, häufiger auf als in anderen Segmenten.

An die Wirbelsäule werden extreme Anforderungen gestellt, mit denen sie fertig werden muss, bis es früher oder später zu Abnützungserscheinungen kommt. Entscheiden Sie sich für den späteren Zeitpunkt und beseitigen Sie alle ungünstigen Belastungen. Beobachten Sie beim Golfspiel Ihren Schwung vor einem Spiegel. Noch besser ist es, wenn Ihr Pro Videoaufnahmen macht, und Sie analysieren gemeinsam Ihre Haltung und Ihren Schwung.

Die Vor- und Rückwärtsbewegung der Wirbelsäule erfolgt hauptsächlich in der Lendenwirbelsäule. Dabei entfernen sich beim Vorneigen die Wirbelbogengelenke voneinander und ermöglichen dadurch eine Rotation. Beim Rückneigen schließen sich die Wirbelbogengelenke, verriegeln die Lendenwirbelsäule und schützen dadurch die Bandscheiben.

DIE LENDEN-WIRBELSÄULE

Die Lendenwirbelsäule ist der unterste Abschnitt der Wirbelsäule. Sie ist durch das Kreuzbein mit dem anschließenden Becken verbunden.

ANATOMIE UND FUNKTION

In der Lendenwirbelsäule gibt es normalerweise fünf Wirbelkörper und die dazwischen liegenden Bandscheiben. Die Lendenwirbelsäule ist durch das Kreuzbein über die Kreuzdarmbeingelenke im Becken verankert und steht dadurch in Verbindung mit den Hüftgelenken. Das Becken, die Hüftgelenke und die Wirbelsäule bilden eine Einheit. Die Stellung von Kreuzbein und Becken beeinflusst die Stellung der Wirbelsäule.

Zum besseren Verständnis legen Sie Ihre Hände im Stehen oder Sitzen auf den Beckenkamm. Kippen Sie das Becken nach vorn und Sie werden spüren, wie sich das Hohlkreuz verstärkt und gleichzeitig das Hüftgelenk leicht gebeugt wird. Wenn Sie dann das Becken nach hinten bewegen, verschwindet das Hohlkreuz und im Hüftgelenk findet eine Streckung statt.

STÖRUNGEN

Durch ihre Beweglichkeit ist die Lendenwirbelsäule verletzungsanfälliger als andere Segmente der Wirbelsäule und wegen starker Belastungen im Alltag, Beruf und Sport anfälliger für Überlastungsschäden. Durch ein gezieltes Muskeltraining können Sie korrigierend eingreifen und diese Probleme vermeiden. Eine gute Rücken-, Beckenboden- und Gesäßmuskulatur und als Gegenspieler eine kräftige Bauchmuskulatur stabilisieren die Lendenwirbelsäule.

Eine Vielzahl von Bauchmuskelübungen ist bekannt, leider sind die meisten falsch oder werden falsch durchgeführt. Sie sind nur dann sinnvoll, wenn sie richtig durchgeführt werden. Immer wieder zeigen mir Patienten unfunktionelle Bauchmuskelübungen, wie z. B. als weitverbreitete Übung das sogenannte "Klappmesser" – sowie alle Bauchmuskelübungen aus der Rückenlage mit gestreckten und fixierten Beinen. Um zu verstehen, warum die Übungen unfunktionell sind, muss man die Funktion des musculus iliopsoas, des wichtigsten Hüftbeugers, kennen. Dieser Muskel kommt von der Lendenwirbelsäule und geht durch die Mitte der Leiste zum Oberschenkel. Er kann bei fixierten Beinen den Oberkörper aus der Rückenlage vom Boden abheben, er beugt das Hüftgelenk und verstärkt das Hohlkreuz.

Mit den vorher erwähnten "falschen" Übungen kräftigen Sie vor allem die Hüftbeuger, die meist schon verkürzt sind und sich dadurch noch mehr verkürzen – und Sie noch stärker ins Hohlkreuz ziehen.

Zum besseren Verständnis ein **Selbsttest**:

> *Legen Sie sich auf den Rücken. Die Beine liegen gestreckt am Boden und Sie geben Ihre Hände zur Unterstützung des Hohlkreuzes ins Kreuz. Versuchen Sie beide Beine gestreckt von der Unterlage abzuheben und konzentrieren Sie sich auf Ihre Lendenwirbelsäule. Nun beugen Sie die Kniegelenke und stellen die Beine auf. Die Hände bleiben zur Kontrolle im Kreuz. Wenn Sie jetzt beide Beine in die Luft strecken und sich auf die Lendenwirbelsäule konzentrieren, sollten Sie den Unterschied spüren. Beim Abheben der gestreckten Beine von der Unterlage findet eine Bewegung in der Lendenwirbelsäule statt. Stellen Sie aber die Beine auf und beugen das Hüftgelenk, ist der Hüftbeugemuskel ausgeschaltet und es passiert keine Bewegung in der Wirbelsäule.*

SPEZIELLES TRAINING

Kräftigen der Bauchmuskeln

1. Übung: *Eine der einfachsten und wichtigsten Bauchmuskelübungen, bei der Sie kaum etwas falsch machen können: Ziehen Sie möglichst oft den Bauch ein und spannen Sie die Gesäßmuskulatur an. Dabei müssen die Rippen unten bleiben (so als würden Sie ausatmen). Am effektvollsten ist es, wenn Sie sich vorstellen, wie Sie den Reißverschluss einer engen Jeans zumachen. Dabei spannen Sie den Bauchmuskel vom Schambein beginnend Richtung Nabel an.*

2. Übung: *Sie liegen auf dem Rücken, mit einem kleinen Kissen unter dem Kopf. Die Oberschenkel werden bis zu einem rechten Winkel im Hüftgelenk angezogen. Die Unterschenkel lassen Sie locker hängen. Dann legen Sie Ihre Finger auf die höchste Erhebung seitlich am Beckenknochen, um die Bewegung zu kontrollieren. Sie heben das Gesäß etwas hoch, gleichzeitig heben sich die Knie Richtung Decke. Der Bewegungsweg ist minimal (nur ca. 1 cm). Versuchen Sie, diese Grundspannung kurz zu halten und dann 70% der Spannung nachzulassen und wieder hochzukommen. 10 x wiederholen. Schaffen Sie es noch nicht, ziehen Sie zur Erleichterung die Oberschenkel näher zur Brust.*

3. Übung: *Können Sie die Spannung gut halten, wird abwechselnd (dem Atemrhythmus angepasst) beim Ausatmen ein Bein nach vorne oben weggestreckt. Als Steigerung kommen die Beine später immer weiter herunter, aber stets unter Berücksichtigung der Bauchspannung, die Sie mit Ihren Händen kontrollieren. Die Ausführung ist richtig, wenn das Becken ruhig bleibt.*

4. Übung: *(Entspricht der 8. Übung auf Seite 67.) Sie knien und stützen sich auf die Unterarme. Die Hände sind zur Faust geschlossen und der kleine Finger liegt am Boden, während der Daumen zur Decke schaut. Das Ellbogengelenk sollte unter dem Schultergelenk sein. Die Zehenspitzen sind aufgestellt, die Knie bleiben vorerst noch am Boden. Sie heben das Gesäß so weit als möglich vom Boden ab und strecken dann das Kniegelenk, dabei kommt das Gesäß noch höher. Sie lassen das Becken langsam absinken, bis der Körper annähernd gerade (in der Horizontalen) ist bzw. soweit die Muskulatur es zulässt. Nur die Unterarme und die Zehenspitzen halten den geraden, in einer Linie verlaufenden Körper. Bei dieser Übung kräftigen Sie neben den Bauchmuskeln die Schulterblatt-, die Rücken- und Beinmuskulatur. Der Trainingseffekt wird noch verstärkt, wenn Sie versuchen, die Übung langsam auszuführen. Diese stabilisierende Übung ist besonders Personen zu empfehlen, die in der Lendenwirbelsäule überbeweglich sind.*

Kräftigungsübungen für die Streckmuskulatur der Lendenwirbelsäule, des Rückens und des Gesäßes

1. Übung: *Sie knien und stützen sich auf die Unterarme. Aus dieser Ausgangslage abwechselnd ein Bein rückwärts wegstrecken. Vorsicht, das Bein nicht zu hoch heben! Die Wirbelsäule und das gestreckte Bein sollten in einer Linie sein. Die Lendenwirbelsäule soll stabilisiert und nicht mobilisiert werden!*

2. Übung: *Sie befinden sich in der selben Ausgangslage wie bei der 1. Übung. Nun heben Sie ein Bein ab, beugen das Knie leicht, halten es und strecken es wieder.*

3. Übung: *In Bauchlage stützen Sie sich auf die Unterarme. Die Handflächen sind parallel aufgestellt und der Daumen schaut Richtung Decke. Das Ellbogengelenk befindet sich unter dem Schultergelenk. Sie stellen die Zehen auf, strecken das Kniegelenk, spannen den Po an und drücken sich hoch. Nur die Unterarme und die Zehenspitzen halten den geraden Körper. Nun abwechselnd das gestreckte Bein etwas abheben und halten, ohne die Spannung zu verlieren. Diese Übung setzt einen guten Trainingszustand voraus und sollte langsam ausgeführt werden.*

KRÄFTIGEN
20 Wiederholungen
3 Serien

Übungen für die äußere Hüftmuskulatur in Seitenlage

1. Übung: *Sie stützen am Unterarm ab, anfangs darf auch noch der zweite Arm abgestützt werden. Sie heben mit geradem Rücken das Becken ab und senken es wieder.*

2. Übung: *Als Steigerung bringen Sie den oberen Arm in Verlängerung der Schulter und halten – dann heben Sie auch noch das obere Bein ab.*

Dehnübungen für die Lendenwirbelsäule

Für Ihre Wirbelsäule ist es am besten, gleich am Morgen im Bett mit Streck-, Lockerungs- und Dehnübungen zu beginnen. Beobachten Sie einmal einen Hund oder eine Katze, wie sie sich strecken und dehnen, bevor sie aufstehen. Deshalb sollen auch Sie versuchen, Ihre Beine zu strecken und so lang als möglich zu machen. 5 x auf jeder Seite. Zum Aufwärmen und Lockern stellen Sie die Beine auf und drücken das Kreuz 10 x gegen die Unterlage, bevor Sie mit den Dehnübungen beginnen.

1. Übung: *In Rückenlage greifen Sie mit den Händen in die Kniekehle und ziehen die Knie zur Brust. Nach ein paar Wiederholungen heben Sie auch den Kopf und bringen das Kinn zur Brust. Dadurch dehnen Sie den ganzen Rückenmuskel.*

2. Übung: *Sie stehen mit leicht gegrätschten Beinen, neigen sich ganz langsam nach vor und versuchen mit den Fingern – später mit der Handfläche – den Boden schmerzfrei zu berühren. Sie können die Dehnung vom Rücken über die Rückseite des Oberschenkels bis zur Wade spüren.*

	DEHNEN	
Präventiv:	5 – 10 Sek. halten	2 x je Seite
Bei Irritation:	30 – 90 Sek. halten	3 x je Seite

DIE BRUST-WIRBELSÄULE

An die Lendenwirbelsäule schließt die Brustwirbelsäule an, die mit den Rippen und dem Brustbein den Brustkorb bildet.

ANATOMIE UND FUNKTION

Zur Brustwirbelsäule zählen 12 Wirbelkörper. Die dazwischen liegenden Bandscheiben sind sehr dünn und haben keine stabile Struktur. Die stabile Gegenkrümmung der Brustwirbelsäule ist durch die Keilform der Bandscheibe gegeben. Wird die Brustwirbelsäule bewegt, findet gleichzeitig auch eine Bewegung in den Rippen statt, die von der Brustwirbelsäule zum Brustbein führen.

Ich möchte kurz auf die Bewegungen des Brustkorbes eingehen. Die Brustkorbbewegungen entstehen aus vielen Einzelbewegungen. Man unterscheidet zwischen der Ein- und Ausatmungsstellung. Beim Einatmen kommt es zu einer Hebung der 1. Rippe und dadurch zur Anhebung des Brustbeins. Gleichzeitig erweitert sich der Brustkorb bei der Einatmung. Dies wird ermöglicht durch die Beweglichkeit in den Rippengelenken, durch die Elastizität der Rippenknorpel und durch eine Reduktion der Krümmung der Brustwirbelsäule durch die entsprechenden Einatemmuskeln.Beim Ausatmen wird der Brustkorb wieder verkleinert. Kontrollieren Sie, ob Sie richtig atmen: Richtig ist, wenn es beim Einatmen zu einer Hebung der Rippen kommt, verbunden mit einer Senkung des Zwerchfells. Die Luft wird durch die Nase angesogen. Beim Ausatmen senken sich die Rippen und es entspannt sich das Zwerchfell; die Luft strömt durch die Nase aus. Bei normaler Atmung wird die Brustwirbelsäule unabhängig von der Einwirkung der Schwerkraft dynamisch stabilisiert. Leider ist die funktionelle Fehlatmung stark verbreitet, dadurch verliert die Brustwirbelsäule ihre Stabilität.

Ein Lernziel sollte sein, die Stabilität durch funktionierende Atmung aufrechtzuerhalten. Zusätzlich brauchen Sie eine richtige Atmung, damit Ihnen harmonische Bewegungsabläufe gelingen. Eine gute Bewegungstechnik erkennt man daran, dass die Atmung automatisch richtig ist. Versuchen Sie die richtige Atmung beim Golfspiel auszunützen. Atmen Sie beim Aufschwung ein, kurzer Stop, und mit der Ausatmung beginnen Sie gleichzeitig den Abschwung. Eine gute Atemtechnik versorgt den Körper mit Energie und hilft neben der körperlichen Fitness gegen Konzentrationsschwächen.

Hier zum Auflockern eine Atemübung für Golfer, die öfters nach dem Golfspiel Schmerzen im Brustkorb haben.

1. Übung: *Sie heben den rechten Arm hoch, bis der Oberarm neben dem Kopf ist, dann den rechten Ellbogen beugen. Die linke Hand umgreift den rechten Ellbogen und gibt ihm Widerstand durch Druck des rechten Ellbogens in die linke Hand. Dann tief einatmen, wobei sich der rechte Brustkorb heben und senken soll.*

2. Übung: *Die Ausgangsstellung bleibt gleich, nur fixieren Sie jetzt anstatt am Ellbogen das Handgelenk – Seitenwechsel.*

FUNKTIONSSTÖRUNG

Wie schon vorhin erwähnt, ist durch eine schlechte Haltung die Beweglichkeit der Brustwirbelsäule eingeschränkt. Neben der schlechten Haltung, die leider oft schon bei Jugendlichen zu finden ist, kann auch eine schlechte Atmung zu Schulterhochstand und Rundrücken führen. Achten Sie immer auf Ihre Haltung. Ist sie schlecht, korrigieren Sie sich.

SPEZIELLES TRAINING

Aufwärmen und Lockern

Um die Muskeln zu lockern, machen Sie im Stehen die Armbewegung vom Langlaufen oder wie bei den Schulterübungen:

1. Übung: *Die Arme hängen locker neben dem Körper und beugen den Ellbogen. Die Schultern leicht Richtung Ohr hochziehen, wieder senken. Am Ende der Schulterbewegung die Arme ca. 45° seitlich wegstrecken. Zuerst üben Sie die Bewegung isoliert – Schulter hoch, runter, Arme weg. Dann rhythmisch mit fließendem Übergang weiterüben.*

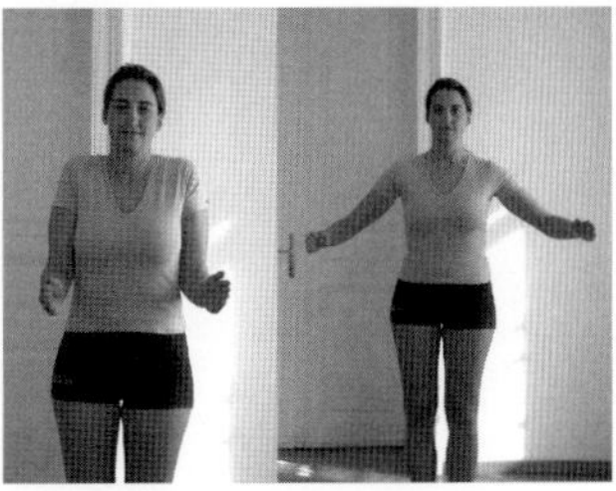

Dehn- und Kräftigungsübungen

	DEHNEN	
Präventiv:	5 – 10 Sek. halten	2 x je Seite
Bei Irritation:	30 – 90 Sek. halten	3 x je Seite

Dehnen des großen Brustmuskels

1. Übung: *Zu Hause in den Türrahmen stellen. Einmal sind die Oberarme etwa in Schulterhöhe, der Ellbogen gebeugt und die Unterarme am Türrahmen abgestützt. Der Oberkörper wird nach vorne gebracht.*

Bei der nächsten Wiederholung versuchen Sie etwas höher zu greifen.

Gibt es keinen idealen Türrahmen, können diese Übungen auch einseitig gemacht werden.

2. Übung: *Bei dieser Übung dehnen Sie neben dem Brustmuskel auch den Rückenmuskel und gleichzeitig die Rückseite des Beines: Sie stehen vor einem Tisch, grätschen die Beine, neigen den Oberkörper vor und stützen sich mit den Händen auf der Kleinfingerseite auf dem Tisch ab. Der Daumen schaut nach oben und die Arme sind gestreckt. Sie machen den Rücken lang und strecken die ganze Wirbelsäule, bis Sie ein Ziehen auf der Rückseite des Oberschenkels spüren. Vergessen Sie nicht, sich mit den Händen vom Tisch hochzudrücken, um Ihre Lendenwirbelsäule zu schonen.*

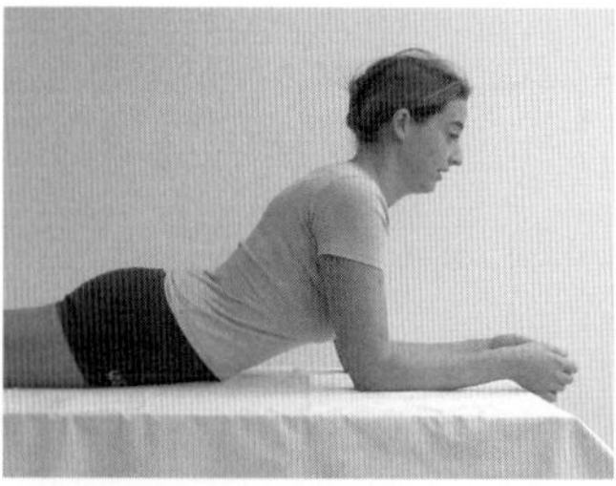

3. Übung: *Zur Streckung der Brustwirbelsäule in Bauchlage: Die Oberarme befinden sich neben dem Körper und Sie stützen sich auf die Unterarme. Dann atmen Sie aus und richten den Oberkörper auf. Dabei wird die Brustwirbelsäule gestreckt und die Schulterblätter werden an die Wirbelsäule angelegt.*

4. Übung: *Machen Sie sie am Anfang am besten im Bett, in Rückenlage. Die Oberarme werden in Verlängerung der Schulter gebracht und die Unterarme liegen im rechten Winkel dazu am Bett. Dann heben Sie die Hände von der Unterlage ab, bis die Fingerspitzen Richtung Decke zeigen, und drücken nur das Handgelenk gegen die Unterlage. Dabei sollten Sie neben dem Anspannen der Muskulatur zwischen den Schulterblättern eine Streckbewegung der Brustwirbelsäule spüren.*

Nach einigen Wiederholungen werden Sie die Übung richtig fühlen. Sie können die Übung während des Tages öfters machen, indem Sie sich gegen eine Wand lehnen oder sich eine imaginäre Wand vorstellen, gegen die Sie drücken müssen.

Manche dieser Übungen kennen Sie bereits vom Kapitel Schultergelenk, weil Probleme in der Brustwirbelsäule meist mit Schulterproblemen zusammenhängen und umgekehrt.

DIE HALS-WIRBELSÄULE

Die Halswirbelsäule ist der oberste Abschnitt der Wirbelsäule und bildet die Verbindung zum Kopf.

ANATOMIE UND FUNKTION

Die Halswirbelsäule setzt sich aus zwei sowohl anatomisch als auch funktionell unterschiedlichen Abschnitten zusammen. Zur oberen Halswirbelsäule zählen zwei, zur unteren Halswirbelsäule fünf Wirbel. Funktionell ergänzen sich die beiden Abschnitte, so dass eine Drehung, Seitneigung, Beugung oder Streckung des Kopfes und Halses möglich wird.

STÖRUNGEN

Der Kopf befindet sich im Gleichgewicht, wenn der Blick gerade nach vorn gerichtet ist. Weil der Schwerpunkt des Kopfes etwas vor der Wirbelsäule liegt, muss die Nackenmuskulatur auch in der richtigen Position ständig angespannt sein und verhindern, dass der Kopf unter seinem eigenen Gewicht nach vorne sinkt.

Viele Menschen tragen den Kopf viel zu weit vorne, was von der Nackenmuskulatur Dauerarbeit verlangt. Diese reagiert zuerst mit Verspannungen. Erfolgt keine Haltungskorrektur und die Nackenmuskulatur ist weiter ständig angespannt, kommt es zu schmerzhaften Reaktionen. Zuerst sind diese nur auf den Nacken beschränkt, später dann kann die schlechte Haltung die Ursache für Kopf-, Schulter- und Armschmerzen sein. Zur Veranschaulichung können wir uns die Frauen in Afrika vor Augen halten. Durch ihre optimale Haltung können sie selbst schwere Lasten auf dem Kopf tragen und balancieren.

Versuchen Sie die Ursache Ihrer Nackenprobleme zu finden. Die Ursache kann eine schlechte Haltung im Alltag oder bei der Arbeit sein, genauso wie überanstrengte Augen oder die psychische Verfassung, die auch eine große Rolle spielt. Es heißt im Volksmund nicht unbegründet, "das sitzt einem im Nacken". Durch Fehlhaltung und Fehlbelastung kommt es gleichzeitig auch zu einer Einschränkung der Beweglichkeit.

Selbsttest

Testen Sie, ob Sie Ihren Kopf nach links und rechts gleich weit drehen können.

1. Test: *Der Kopf ist gerade und der Blick nach vorne gerichtet. Sie drehen den Kopf abwechselnd nach rechts und links und nicken am Ende der Bewegung.*

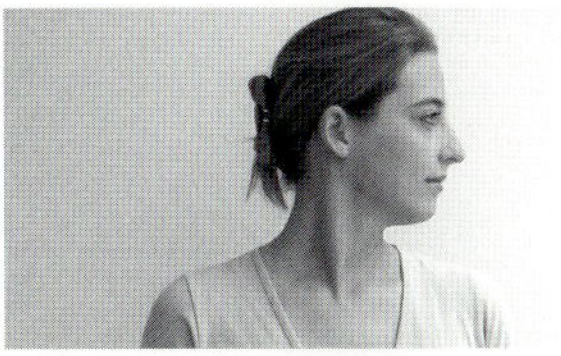

2. Test: *Den Kopf locker hängen lassen und nach links und rechts drehen.*

Treten bei den oberen 2 Tests Asymmetrien auf, versuchen Sie diese mithilfe des Tests (der jetzt als Übung genommen wird) zu beseitigen.

Lockern

Zum Lockern vor den Dehnübungen ziehen Sie die Schultern Richtung Ohr hoch und lassen Sie fallen.

	DEHNEN	
Präventiv:	5 – 10 Sek. halten	2 x je Seite
Bei Irritation:	30 – 90 Sek. halten	3 x je Seite

Dehnen

Übung: *Im Stehen oder Sitzen neigen Sie den Kopf, ohne ihn zu drehen, nach rechts und bringen dabei das rechte Ohr Richtung rechte Schulter, bis Sie auf der linken Seite von der Schulter Richtung Kopf ein Ziehen spüren. Sie halten diese Position und versuchen den linken Arm aus der Schulter Richtung Boden zu ziehen (um die Dehnung zu verstärken) und halten diese wie angegeben – bevor Sie auf die andere Seite wechseln.*

Kräftigung der Nackenmuskulatur

KRÄFTIGEN
20 Wiederholungen
3 Serien

Übung: *Legen Sie beide Hände auf den Hinterkopf und verschränken die Finger. Die Ellbogenspitzen zeigen auf die Seite. Das Kinn wird ein wenig angezogen, Sie schauen immer geradeaus, und drücken den Kopf in die Handfläche. Diese Übung können Sie abgewandelt im Auto bei Rot an der Kreuzung machen. Dabei drücken Sie den Kopf mit leicht angezogenem Kinn in die Nackenstütze.*

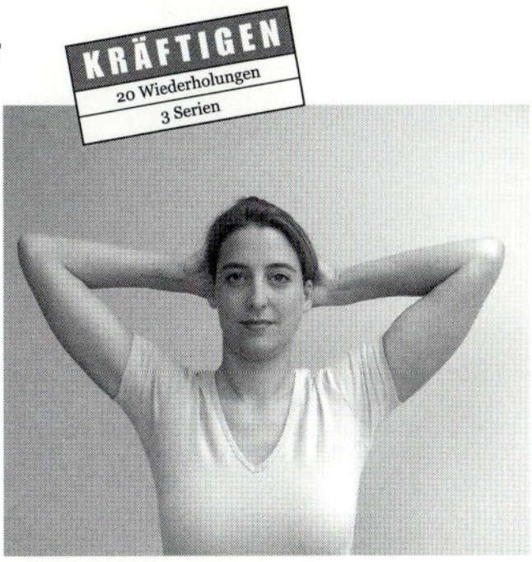

6. GOLF-SPEZIFISCHES TRAINING

DIE BEWEGUNG DES KÖRPERS BEIM GOLFSCHWUNG

Zum besseren Verständnis, warum Sie für Golf die nötigen körperlichen Voraussetzungen haben müssen, möchte ich zunächst auf die Bewegung des Körpers beim Golfschwung eingehen.

Der volle Golfschwung ist eine dynamische, relativ schnelle Bewegung, die ein gut koordiniertes Zusammenspiel der Muskeln verlangt. Gleichzeitig stellt er hohe Anforderungen an den Bewegungsapparat und hier vor allem an die Wirbelsäule. Die Wirbelsäule wird in Bewegungen gezwungen, die sie im Normalfall nicht braucht und daher nicht gewohnt ist. Es beginnt mit dem Vorneigen und Drehen am Beginn des Schwunges, das zu einer hohen Belastung der Bandscheiben der unteren Lendenwirbelsäule führt.

Beim Rückschwung ist die Folge der Ausholbewegung eine starke Belastung der Übergangsbereiche der unteren Hals- zur oberen Brustwirbelsäule und der unteren Brust- zur oberen Lendenwirbelsäule. Beim Abschwung bis zum Treffmoment wird durch die gegenläufige Drehbewegung das Gewicht verlagert und es kommt zu einer Verwringung und einer starken Belastung der Wirbelsäule. Beim Ende des Durchschwungs kommt es durch die extreme Drehung des Rumpfes mit gleichzeitiger Rückneigung zur Belastung des Übergangs von der Brust- zur Lendenwirbelsäule und die kleinen Wirbelgelenke der unteren Lendenwirbelsäule werden gefährdet.

Die normal gebaute Wirbelsäule kann mit Hilfe einer gut funktionierenden Muskulatur diese Extrembelastungen ertragen. Für den Golfschwung brauchen Sie neben einer schnellen Kontraktion der für den Golfschwung benötigten Muskulatur frei bewegliche Gelenke. Das heißt: Sie brauchen eine gut bewegliche Halswirbelsäule. Ein starr nach vorn gerichteter Kopf (er darf in der Endphase nicht noch in der

Ansprechposition verharren) hemmt einen lockeren Schwung. Damit wird der Schwung unphysiologisch.

Beim Aufschwung muss der Oberkörper gut drehen können, damit die Muskulatur des Schultergürtels nicht unnötigt gereizt wird. Dazu muss das Schulterblatt und der Oberarmkopf frei beweglich sein. Ist diese Bewegung nicht möglich, weil eine Einschränkung der Bewegung im Gelenk vorhanden ist, weichen Sie, damit der Schlag gelingt, aus. Sie drehen früher in der Wirbelsäule und neigen sich mehr zurück als üblich. Und Sie brauchen eine bewegliche Lendenwirbelsäule.

Für den Golfschwung muss die gesamte Wirbelsäule drehfähig sein, was durch die äußerst flexiblen Strukturen möglich ist. Leider gibt es viele Menschen, die in der Wirbelsäule keine Drehbewegungen mehr ausführen können. Die Ursache liegt meistens nicht an der Struktur der Wirbelsäule, sondern an der Funktionsweise des zentralen Nervensystems. Sie haben diese Bewegung verlernt und vergessen, wie sie die dazu benötigten Muskeln einsetzen müssen. Muskeln, die sich nicht bewegen, werden auch nicht wahrgenommen. Die Folge ist eine steife Wirbelsäule, wobei die Starrheit der betroffenen Person meistens nicht bewusst ist. Manche werden erst beim Erlernen des Golfspiels mit ihrer Unbeweglichkeit konfrontiert, die Sie nicht akzeptieren müssen. Es besteht die Möglichkeit, die Drehfähigkeit wiederzuerlangen. Lernen Sie wieder mit etwas Geduld und Zeit durch mehrmaliges tägliches bewusstes Üben Ihre Wirbelsäule zu drehen. Beginnen Sie behutsam und tasten Sie sich langsam an die volle Drehung heran. Bald werden Sie merken, dass sich durch Ihre Flexibilität Ihr Schwung verbessert hat. Ihr Ziel haben Sie erreicht, wenn Sie mühelos beim Aufschwung den Rücken zum Ziel drehen können und den Schwung korrekt mit dem Brustbein zum Ziel gerichtet beenden.

Zur Erhaltung der erreichten Beweglichkeit müssen Sie immer wieder Dehn- und Drehübungen machen, besonders vor dem Golfspiel, damit es zu keinen Ausweichbewegungen und in der Folge zu Schmerzen kommt. Treten beim Golfspiel oder daran anschließend Schmerzen auf, kontrollieren Sie Ihre Haltung und Ihre Schwungtechnik.

Was ist an der Haltung zu beachten, damit das Golfen gut funktioniert?

Für Golf brauchen Sie einen stabilen Stand, gleichzeitig soll eine gute Drehung des Oberkörpers möglich sein. Es wird bei diesem Stand versucht, die normal aufgebaute Wirbelsäule möglichst gleich zu belasten, die dann mit Hilfe einer gut funktionierenden Muskulatur Belastungen ertragen kann.

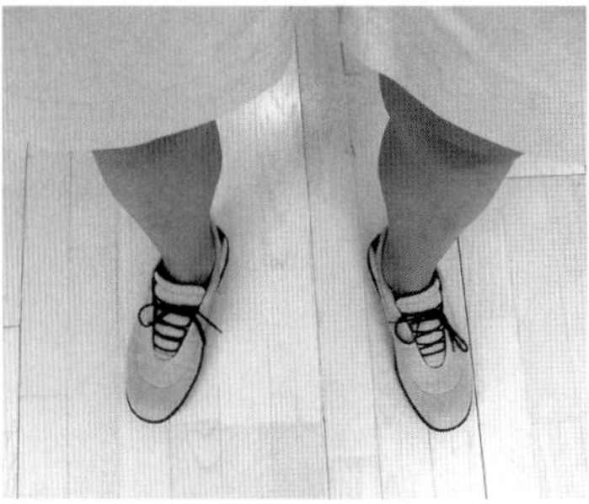

Diese Voraussetzungen sind gegeben, wenn die Füße symmetrisch in hüftgelenks- bis beckenbreitem Abstand, aber nie weiter als Schulterbreite, stehen und gleich belastet werden. Ihr Stand sollte bequem sein, Ihnen gute Stabilität geben und gute Beweglichkeit zulassen.

Aber Vorsicht mit der Knieposition! Ist der Abstand zwischen den Füßen zu groß, kommt die Innenseite des Kniegelenks zu weit über die Innenseite des Fußes und das Bein kann nicht gut stabilisiert werden. Die gebeugten Kniegelenke sollten immer über den Füßen sein, und wenn Sie auf die Füße hinunterschauen, muss der halbe Fuß sichtbar sein.

Das Knie und das Hüftgelenk sind leicht gebeugt, die Lendenwirbelsäule ist in Sitzhaltung, die Arme hängen locker am Schultergürtel, der Kopf ist nicht starr nach vorn gerichtet. Das Lot geht von Mitte Schulter durch die Kniescheibe zum Fußballen.

Das heißt, von der Seite betrachtet kann eine senkrechte Linie von der Mitte der rechten Schulter durch die Kniescheibe hinab zum rechten Fußballen gezogen werden. Diese Linie ist auch die Achse des Schwunges.

Ist das Gewicht zu weit vorne, ist das Lot vor dem Knie, ist das Gewicht zu weit hinten, ist das Lot hinter dem Knie. Für die Muskulatur kommt es dadurch sofort zu mehr Haltearbeit und auf die Bandscheibe zu mehr Druckbelastung. Eine falsche Belastung verändert die Achse Ihrer Schwungebene und behindert die Drehfähigkeit der Wirbelsäule. Automatisch kompensieren Sie mit zu viel Aktivität der Arme und der Hände.

Für Ihren Golfschwung ist das Halten eines konstanten Körperwinkels das Geheimnis. Nur so sind schnelle Bewegungen möglich. Schwungabweichungen, die oft fälschlicherweise als eigener, persönlicher Stil interpretiert werden, haben fast immer in körperlichen Schwachstellen ihre Ursache.

Für die Golfansprechposition neigen Sie den Oberkörper vor, indem Sie das Knie- und Hüftgelenk beugen und das Gesäß leicht nach hinten strecken, wie zum Hinsetzen. In der Wirbelsäule findet keine Bewegung statt. Durch das Vorneigen der Körperlängsachse kommt es zu einer Veränderung der Gelenkstellung und spontan zu einer stabilisierenden Muskelaktivität in der Lendenwirbelsäule, um ein Vorfallen zu verhindern. Zu dieser Verankerung kommt es aber nur, wenn das Vorneigen richtig durchgeführt wird.

Stellen Sie sich die Wirbelsäule als Stab vor, der durch Vorneigen seine Lage verändert. Der Drehpunkt der Bewegung befindet sich im Kugelgelenk der Hüfte. Zur Kontrolle geben Sie die Fingerspitzen in die Hüftbeuge, damit Sie diese Bewegung spüren können.

Damit Sie diese Bewegung richtig lernen und verstehen, nehmen Sie am besten Ihren Golfschläger zu Hilfe. Sie sitzen und halten ihn mit einer Hand am unteren Ende und bringen die Hand mit dem Schläger in den Nacken. Der Schläger sollte locker entlang der Wirbelsäule hängen. Mit der anderen Hand ergreifen Sie im Kreuz das andere Ende. Durch Beugen und Strecken im Hüftgelenk bringen Sie den Oberkörper vor und wieder zurück. Die Bewegung soll nur im Hüftgelenk stattfinden und die Wirbelsäule sollte starr wie Ihr Schlägerschaft bleiben.

Findet die Bewegung fälschlicherweise in der Wirbelsäule statt, bleibt der Schlägerschaft nicht mehr parallel zur Wirbelsäule und eine Hand verliert den Kontakt mit dem Körper. Sie wird weggedrückt.

Pendeln Sie einige Zeit vor und zurück, damit Sie diese Bewegung ins Gefühl bekommen und spüren lernen. Üben Sie mit geschlossenen Augen und versuchen Sie, sich diese Bewegung bewusst zu machen. Wenn Sie das Gefühl haben, dass Sie die Bewegung beherrschen, üben Sie im Stehen und dann ohne Schläger am Rücken. Das Bewegungsgefühl muss gleich bleiben.

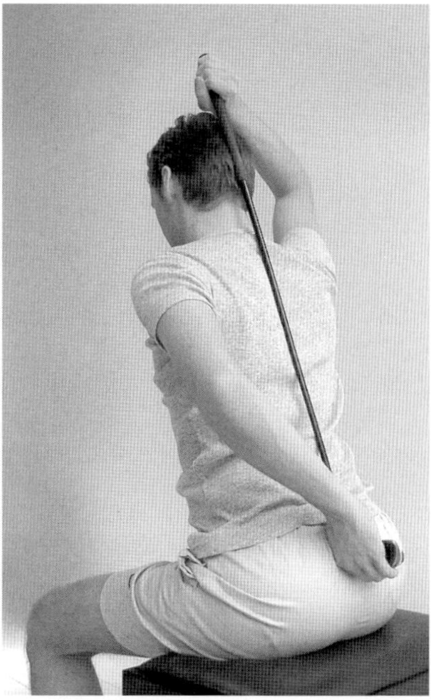

Diese Übung sollten Sie so oft als möglich machen, denn nicht nur für Golf, sondern auch für Ihre Alltagsaktivitäten brauchen Sie das richtige Vorneigen des Oberkörpers, um Ihre Wirbelsäule zu schonen.

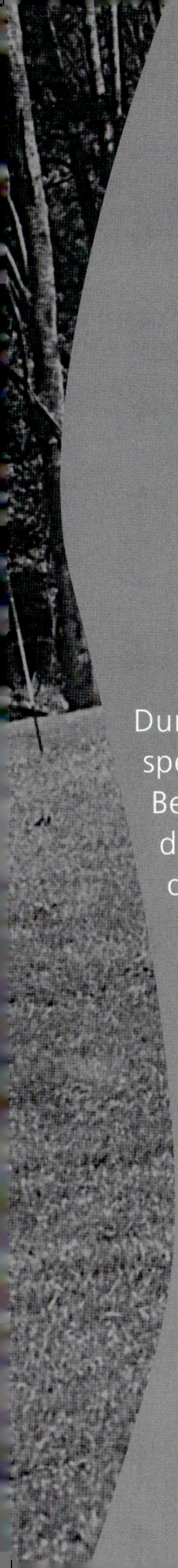

VORSCHLÄGE FÜR GOLFSPEZIFISCHES MUSKELTRAINING

Durch das Training golfähnlicher und speziell für Golf benötigter, schneller Bewegungsabläufe soll neben der Kraft die Beweglichkeit, die Koordination und dadurch Ihre Technik verbessert werden.

Begonnen wird mit richtigem Vorneigen im Sitzen und im Stehen. Dabei wird ein Stand erlernt, der dann die Ausgangsposition für die meisten Übungen ist.

1. Übung: *Sie sitzen aufrecht auf einem Hocker. Die Fußsohlen befinden sich in beckenbreitem Abstand auf dem Boden, die Knie stehen über den Füßen. Sie legen eine Handfläche auf das Brustbein, den Rücken der anderen Hand auf die Lendenwirbelsäule. Sie neigen den Oberkörper nach vorn und kommen wieder in die Ausgangsstellung zurück. Der Abstand zwischen den beiden Händen darf sich nicht verändern.*

Führen Sie diese Übung auch mit geschlossenen Augen durch, damit Sie die richtige Bewegung spüren lernen. Wenn Sie glauben, dass Sie die Übung richtig beherrschen, stehen Sie auf und versuchen es im Stehen.

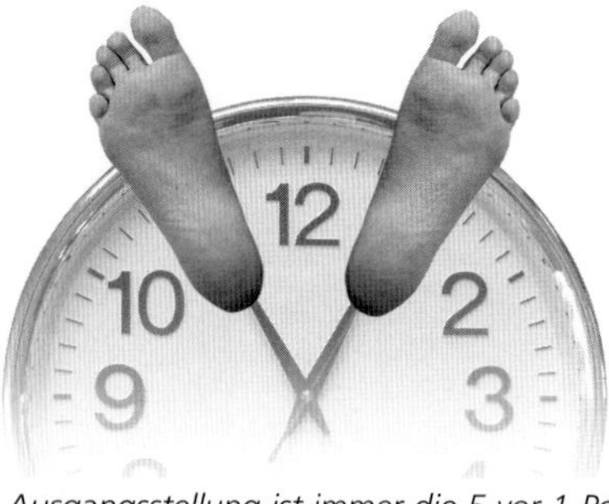

Zur Erinnerung: Die Ausgangsstellung ist immer die 5 vor 1-Position der Füße.

2. Übung: *Die Füße schauen leicht nach außen, die Kniegelenke sind leicht gebeugt (bei einer lockeren Hose bleibt die seitliche Hosennaht gerade). Durch Beugen und Strecken im Hüftgelenk wird der Oberkörper vorgeneigt und wieder zurück gebracht. Zur Kontrolle bleibt anfangs die Handposition am Brustbein und in der Lendenwirbelsäule. Nach einigen Wiederholungen bringen Sie den Oberkörper nach vorn und lassen die Arme locker hängen. Die Fingerspitzen schauen Richtung Zehen. Dieser Stand ist die Ausgangsposition für die meisten folgenden Übungen des golfspezifischen Trainings.*

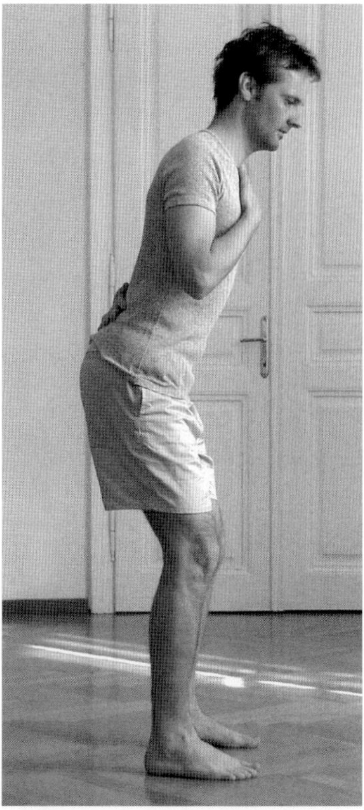

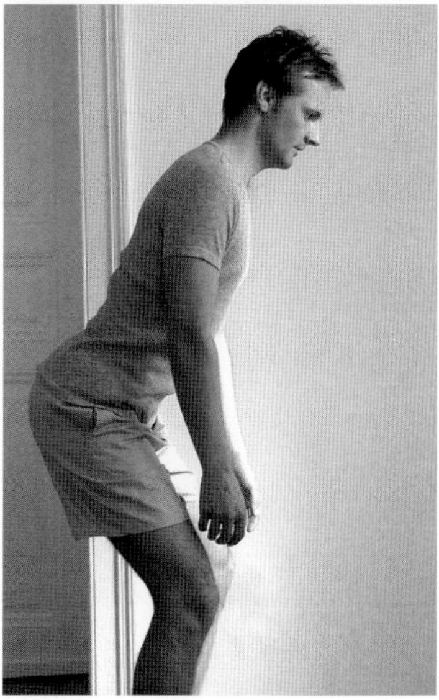

Für Golf benötigen Sie eine gut bewegliche Wirbelsäule und deshalb wird bei den nächsten Übungen die Drehfähigkeit des Oberkörpers gefördert. Bei den Übungen im Sitzen wird gleichzeitig die Stabilität Ihrer Kniegelenke trainiert.

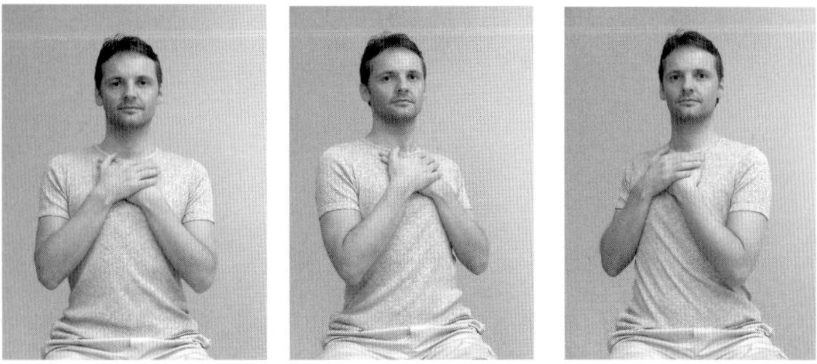

1. Übung: *Sie sitzen aufrecht auf einem Hocker oder Sessel und legen die Hände übereinander auf das Brustbein. Sie drehen nur den Oberkörper und fixieren Ihre Beine in der Ruheposition. Haben Sie das Ende Ihrer Drehung erreicht, bleiben Sie ein wenig in dieser Position, atmen ruhig weiter und verharren in dieser Ruhe, bevor Sie in die andere Richtung zu drehen beginnen. Die Bewegung soll zuerst langsam (ungefähr 3 Sek.), später schneller (in 1 Sek.) ablaufen.*

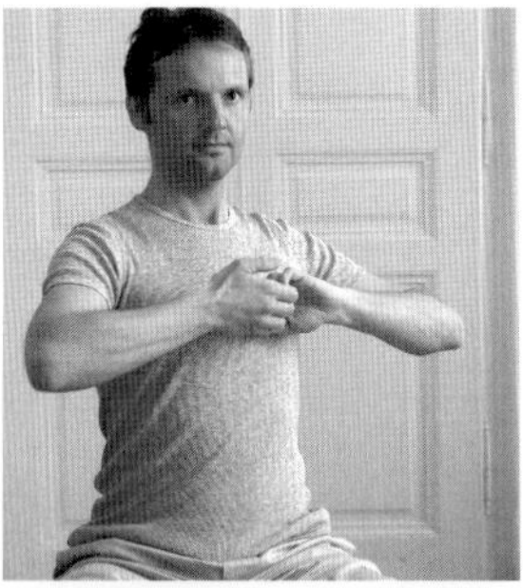

2. Übung: *Jetzt wechseln Sie in den Reitersitz, damit Ihr Becken für die folgende Übung fixiert ist: Sie haken vor der Brust die Finger ineinander und drehen den Oberkörper. Zuerst langsam, dann werden Sie immer schneller.*

3. Übung: *Dazu stehen Sie auf und legen die Hände übereinander auf das Brustbein. Sie drehen nur den Oberkörper wie bei der 1. Übung, aber dieses Mal im Stand.*

4. Übung: *Als nächsten Schritt beugen Sie das Hüftgelenk, kommen mit dem Oberkörper vor in die Golfausgangsposition und drehen den Oberkörper.*

5. Übung: *Sie bleiben in der Golfausgangsposition und lassen die Arme vor dem Körper locker hängen. Die Handflächen berühren sich und die Finger zeigen Richtung Ball. Mit der Drehung des Oberkörpers wird der rechte Arm hochgestreckt. Kurzer Stop. Dann kommen Sie herunter und klatschen in die linke Hand. Zuerst langsam, dann können Sie das Tempo erhöhen.*

6. Übung: *Sie bleiben in der Golfausgangsposition und umgreifen mit der linken Hand das rechte Handgelenk und drehen den Oberkörper, bis die linke Schulter unter dem Kinn ist. Der Kopf bleibt ruhig. Nach einigen Aufschwungübungen wird der Schwung bis zum Ende durchgeführt. Achten Sie bei dieser Übung von Anfang an auf Ihre Rumpfdrehung, Gewichtsverlagerung und auf Ihren Kopf. Im Zweifelsfall üben Sie vor einem Spiegel. Sie beginnen langsam und kontrolliert und steigern später das Tempo.*

Damit das Training abwechslungsreicher und gezielter wird, werden folgende Übungsgeräte vorgeschlagen:

1. ELASTIK- oder THERABAND – ein elastisches Gummiband in verschiedensten Farben. Die Farbe zeigt die Elastizität an. Leider gibt es keine Übereinstimmung bei den verschiedenen Firmen. Bei der Bandwahl greifen Sie lieber zum subjektiv leichteren und nehmen später das Band kürzer, um den Widerstand zu steigern. Vergessen Sie nicht, dass Sie die Übungen oft wiederholen müssen und dass auch der letzte Satz noch machbar sein sollte.

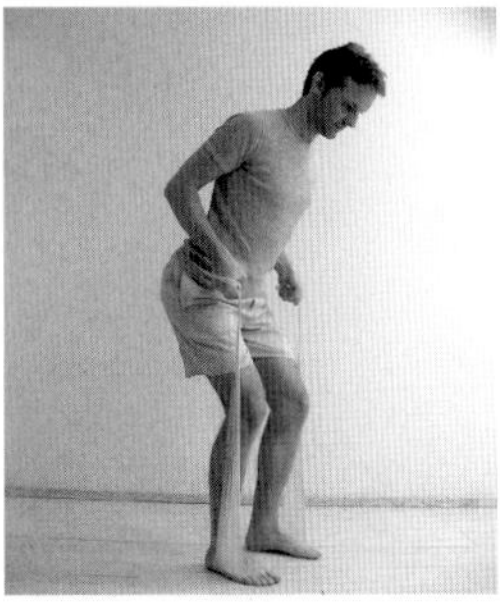

1. Übung: *Sie stehen mit beiden Füßen mit der Fußmitte auf dem Band. Die Füße sind parallel im hüftbreiten Abstand. Das Knie ist in Bandhöhe und wie das Hüftgelenk leicht gebeugt, das Gesäß in Sitzposition. Das Band wird rechts und links gehalten, wobei der Daumen näher beim Körper ist und nach vorne schaut. Das Band wird jetzt beidseits hochgezogen, dabei gehen die Ellbogen nach hinten hoch und das Handgelenk bleibt in Verlängerung des Bandes und zieht gerade nach oben. Es kommt zu einer Ruderbewegung.*

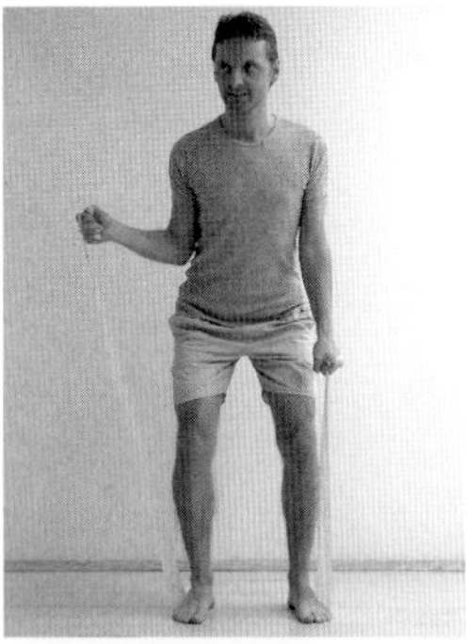

2. Übung: *Die Ausgangsstellung bleibt gleich. Der Oberarm bleibt beim Körper, während der Unterarm nach außen geführt wird. Zuerst üben Sie, um die Bewegung zu lernen, auf einer Seite und mit lockerem Band. Gelingt die Übung problemlos, dann greifen Sie zur Kräftigung kürzer. Auf die andere Seite wechseln. Schließlich noch als 3. Variante: Beide Oberarme bleiben beim Körper und beide Unterarme ziehen das Band nach außen.*

3. Übung: *Zur allgemeinen Kräftigung der für Golf wichtigen Muskeln wird der Oberkörper weiter vor und das Gesäß weiter zurück gebracht. Die Oberarme sind in Verlängerung von der Schulter, und das Band wird beidseits mit den Händen nach vorne oben gebracht. Der Kopf bleibt ruhig mit dem Blick auf den Boden.*

KRÄFTIGEN
20 Wiederholungen
3 Serien

4. Übung: *Rechtshänder stehen mit dem linken Bein auf dem Band, der rechte Arm hängt zwischen den Beinen (Linkshänder machen die Übungen gegengleich). Der Oberarm ist leicht am Körper angelegt. Das Band ist locker gespannt. Die Hand geht in einem Bogen nach seitlich hinten oben. Am Ende der Bewegung schaut der Daumen nach hinten und Sie halten diese Position mindestens 10 Sek.*

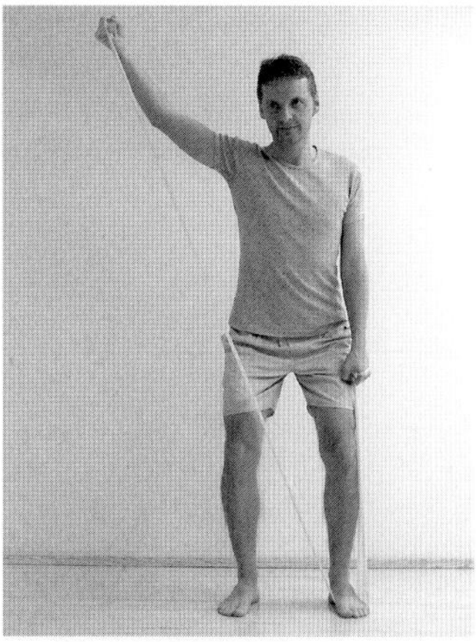

5. Übung: *Sie stehen wieder mit dem linken Bein auf dem Band (Linkshänder wieder gegengleich). Die Arme hängen locker, der Ellbogen ist leicht gebeugt und die rechte Faust über der linken. Der rechte Arm führt dieselbe Bewegungslinie wie bei der 4. Übung durch, nur wird jetzt der linke Arm mitgenommen und die Aufschwungbewegung nachgemacht.*

6. Übung: *Sie stehen mit beiden Füßen mit der Fußmitte auf dem Band. Die Füße sind parallel im hüftbreiten Abstand. Das Knie ist wie das Hüftgelenk leicht gebeugt und das Gesäß in Sitzposition. Das Band wird hinter den Unterschenkeln überkreuzt und so das Band vom rechten Fuß von der linken Hand, das vom linken Fuß von der rechten Hand gehalten. Der Daumen ist näher beim Körper und schaut nach vorne. Die Knie fixieren das Band, das jetzt beidseits mit den Händen hochgezogen wird. Das Handgelenk bleibt in Verlängerung des Bandes und zieht gerade nach oben.*

Für die nächsten Übungen müssen Sie einen Platz suchen, auf dem Sie das Band fixieren können. Ideal wäre eine Sprossenwand, es reicht aber auch das Stiegengeländer oder Sie machen einen Knopf in das Band und halten es in gewünschter Höhe an den Türstock und schließen die Tür, wobei die Tür von Ihnen weg aufgehen soll. Das eingeklemmte Band ist gut fixiert.

7. Übung: *Dafür fixieren Sie das Band in der Höhe Ihres linken Außenknöchels (Linkshänder auf der rechten Seite) und halten es mit beiden Händen vor dem Körper, wie Ihren Golfschläger. Mit der Aufschwungbewegung ziehen Sie das Band langsam so weit hoch, bis der linke Arm gestreckt vor dem Körper ist. Kurzer Stop und in die Ausgangslage zurückkommen. Zum Kennenlernen 5 x langsam kontrolliert und dann das Tempo steigern.*

8. Übung: *Sie stehen seitlich zur Bandfixierung, die sich jetzt über dem Kopf befindet. Sie halten das Band mit Ihrem gewohnten Griff in Aufschwungposition. Der linke Arm ist gestreckt, das rechte Knie ist leicht gebeugt und wird zur Mitte gedrückt. Durch diesen Widerstand sollte Spannung aufgebaut werden, das Band kann Sie nicht wegziehen. Die Arme bleiben unbewegt und Sie sollten spüren, wie nur durch Beckendrehung das Band gespannt wird. Nach 5 Wiederholungen versuchen Sie die Übung bewusst mit der Atmung zu kombinieren. Mit dem Ausatmen ziehen Sie das Band und mit dem Einatmen lassen Sie sich zurückziehen.*

9. Übung: *Die Ausgangsposition bleibt gleich wie bei der 8. Übung. Die Bewegung wird durch Beckendrehung eingeleitet, und die Arme ziehen jetzt das Band voll durch, bis sie vor dem Körper sind. Durch die Armbewegung wird der Bewegungsradius vergrößert.*

Die 8. und 9. Übung sollten Sie zuerst langsam und bewusst kontrolliert durchführen, bevor Sie schneller und kraftvoller hinunterziehen. Achten Sie darauf, dass Sie die Spannung immer wieder langsam aufbauen. Die 7., 8. und 9. Übung können Sie noch erschweren und gleichzeitig Ihre Stabilität trainieren, indem Sie sich zum Üben auf eine bewegliche Unterlage wie zum Beispiel eine zusammengerollte Turnmatte, ein Sitzkissen, ein Schaukelbrett etc. stellen.

Als zweites Übungsgerät bieten sich **HANTELN** an. Wählen Sie das Gewicht der Hanteln so, dass Sie 20 Übungen sauber durchführen können.

Die Ausgangsposition für die folgenden Übungen ist gleich. Sie stehen, und beide Füße sind parallel und gleichmäßig belastet, die Knie und Hüftgelenke sind leicht gebeugt, das Gesäß ist in Sitzposition und der aufgerichtete Oberkörper etwas nach vor geneigt. Die Arme hängen locker neben dem Körper.

1. Übung: *Sie bringen den rechten Arm gerade nach vorne und halten ihn in dieser Position. Wenn Sie den rechten Arm herunterbringen, heben Sie gleichzeitig den linken Arm. Achten Sie auf einen fließenden Übergang. Die Arme treffen sich in Brusthöhe.*

2. Übung: *Am Beginn der Übung werden die Hanteln vor dem Körper parallel gehalten und dann seitlich hochgehoben, bis die Daumenseite nach hinten schaut.*

3. Übung: *Der Oberarm steht in Verlängerung der Schulter, der Unterarm befindet sich im rechten Winkel dazu. Aus dieser Position bewegen Sie die Hanteln auf einer imaginären Linie zwischen Ohr- und Kopfhöhe.*

KRÄFTIGEN
20 Wiederholungen
3 Serien

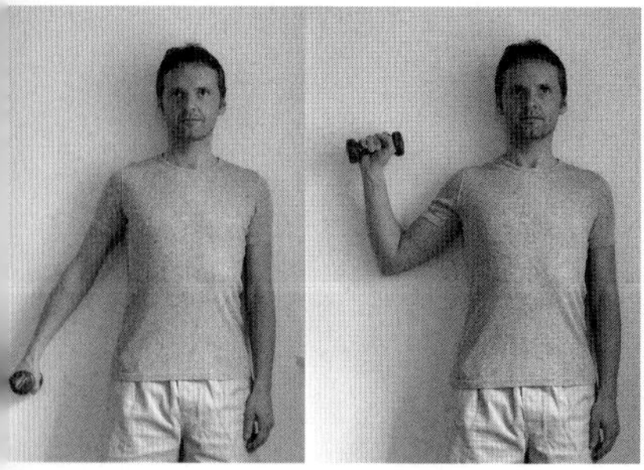

4. Übung: *Eine gute Übung zur Verbesserung Ihres Aufschwungs: Sie stellen sich am besten mit einer Hantel in der Hand gegen eine Wand. Den Schlagarm zuerst seitlich ein wenig abheben, dann den Ellbogen beugen und gleichzeitig den Unterarm hochbringen, der Ellbogen muss unten bleiben und das Handgelenk sollte über dem Ellbogen sein. Am Ende der Bewegung sollte die Hantel die Wand berühren.*

Als 3. Übungsgerät nehmen Sie eine **LANGHANTEL** (oder ersatzweise zwei lange Schläger). Die Ausgangsstellung ist dieselbe wie bei der normalen Hantel.

1. Übung: *Die Hantel ist vor dem Körper und wird Richtung Brust hochgezogen, bis die Oberarme eine Verlängerung der Schulter bilden.*

2. Übung: *Aus der Endposition der 1. Übung wird die Hantel Richtung Kopf und wieder herunter gebracht. Der Oberarm bleibt in Verlängerung der Schulter.*

KRÄFTIGEN
20 Wiederholungen
3 Serien

3. Übung: *Für diese Übung geben Sie die Hantel in den Nacken und gehen in die Ausgangsposition. Das Gesäß wandert weiter nach hinten unten und zurück.*

4. Übung: *Die Hantel bleibt im Nacken und Sie drehen den Oberkörper, der Kopf sollte aber ruhig in der Verlängerung der Körperlängsachse bleiben. Wichtig ist, dass Sie diese Übung so langsam durchführen, dass eine Kontrolle der Bewegung möglich ist.*

Von der 4. Übung sind kleine, aber sinnvolle Abwandlungen möglich:

Übung 4a: *Zuerst drehen Sie ruhig und rhythmisch den Oberkörper mit stabilen Beinen. Dann versuchen Sie den Drehradius durch Mitbewegen der Beine langsam zu vergrößern. In der Folge bringen Sie als Rechtshänder, während Sie einatmen, die linke Schulter Richtung Boden. Kurzer Stop. Mit der Ausatmung kommt die rechte Schulter Richtung Boden. Auch hier gilt: Bei kleinen Bewegungen stabile Beine. Wird der Bewegungsumfang größer, müssen die Beine mitbewegt werden.*

Übung 4b: *Die Hantel liegt im Nacken und der Oberkörper bleibt ruhig, während das Becken dreht. Die Bewegung soll zuerst langsam (ungefähr 3 Sek.), dann etwas schneller (1 Sek.) ablaufen.*

Wie in fast allen Sportarten ist auch bei Golf eine entsprechende Kondition die Voraussetzung für eine gute bis maximale Leistung. Neben Ausdauer und Kraft wird bei Golf eine gewisse Beweglichkeit und Koordination verlangt. Leider vernachlässigen viele Golfer Ihre körperliche Fitness.

Bei Golf kommt es zu einer einseitigen Belastung der Muskulatur, was sicher die Ursache von Vorbehalten einiger Orthopäden ist. Langfristig führt diese einseitige Belastung ohne entsprechendes Kompensationstraining zu chronischen Rückenbeschwerden. Deshalb sollte ein spezielles Ausgleichsprogramm durchgeführt werden.

Durch ein gezieltes Training können Sie einen Ausgleich der muskulären Dysbalancen erreichen. Alleine zu trainieren ist den meisten zu langweilig und es fehlt dadurch die nötige Konsequenz für selbstständiges Training. Ich würde Ihnen zum Ausgleich ein Training in einem Fitnesscenter raten, wo Sie von der Gruppendynamik profitieren können. Erfreulicherweise gibt es schon in einigen Golfclubs Fitnessräume. Üben Sie nicht selbstständig, sondern lassen Sie sich von Physiotherapeuten oder Trainern einen für Sie speziellen Trainingsplan erstellen.

ERGÄNZENDES TRAINING

GERÄTE-TRAINING

Um den verschiedenen Ansprüchen gerecht zu werden, gibt es eine Einteilung in Cardio- und Kraftgeräte.

Cardiogeräte

Diese Geräte werden, wie schon der Name sagt, für das Herz- und Kreislauftraining eingesetzt. Beim Golfsport ist die Belastung für Herz und Kreislauf mittelmäßig bis gering, daher ist ein Training an den Cardiogeräten eine sinnvolle Möglichkeit, das Herz-Kreislaufsystem zu stärken. Bevor Sie damit beginnen, lassen Sie sich von Ihrem Arzt untersuchen und besprechen Sie mit ihm, wie weit Sie belastbar sind. Beginnen Sie langsam und behutsam. Um Herz und Kreislauf zu stärken, müssen Sie mindestens 30 Min. / 3 x pro Woche trainieren. Für das Aufwärmen mit Cardiogeräten reichen 10 Minuten (vor dem Training mit Kraftgeräten).

An den Cardiogeräten verbessern Sie neben der Ausdauer auch die Beweglichkeit der Gelenke. Mehr Ausdauer am Golfplatz verbessert Ihre Konzentrationsfähigkeit und Ihr Spiel.

Für das Herz-Kreislauftraining gibt es verschiedene Möglichkeiten. Sie können aus folgenden Cardiogeräten wählen:

1. FAHRRAD:
Weil mit wenig Belastung die Gelenke der unteren Extremität durchbewegt werden, ist es für fast alle geeignet. Nur bei Wirbelsäulen-, Hüft- oder Schulterproblemen ist das Sitzfahrrad vorzuziehen. Zu beachten ist eine korrekte Einstellung der Sattel- und Lenkradhöhe. Sie sollen aufrecht, mit geradem Rücken sitzen und das Becken darf nicht zu viel mitbewegt werden.

2. STEPPER:
Hier ist die Belastung auf den Gelenken stärker als beim Fahrrad. Das Gerät ist aber als Koordinations- und Konditionstraining für das Bein gut einsetzbar.

3. CROSSTRAINER:
Die Beinbelastung entspricht der des Steppers. Durch die zusätzliche Arm-Mitbewegung wird auch die Koordination trainiert. Aber Vorsicht vor zu viel Mitbewegungen und Drehung der Wirbelsäule! Falls Sie klein sind, greifen Sie – um den Rumpf zu stabilisieren – tiefer.

4. LAUFBAND:
Auf diesem Gerät werden die Gelenke und die Muskulatur der unteren Extremität am meisten belastet. Die Belastung kann durch Geschwindigkeit und Steigung bestimmt werden. Immer 1 % einstellen. Laufen Sie aufrecht mit Mitbewegung der Arme und richtigem Abrollen des Fußes. Gelingt dies nicht, beginnen Sie mit Gehen und steigern langsam das Tempo.

5. ARMERGOMETER:
Ein Gerät, wo mit wenig Belastung die Gelenke der oberen Extremität durchbewegt werden können. Stimmt die Sitzhöhe und Armlänge, ist eine rhythmische Bewegung möglich, die gleichzeitig die Schulter- und Nackenmuskulatur lockert.

Kraftgeräte

Mit dem Training an den Kraftgeräten sollen Sie das muskuläre Gleichgewicht wiedererlangen und die schwache Muskulatur kräftigen, damit die Gelenke optimal stabilisiert werden können. Gleichzeitig wird die Wahrnehmung und Koordination geschult. Damit der gewünschte Trainingseffekt erreicht werden kann, gilt immer folgende Regel:

Weder während noch nach dem Training dürfen Beschwerden in Form von Schmerzen oder Taubheitsgefühl in Armen oder Beinen auftreten. Entscheidend für den Trainingseffekt ist die Wahl des Gewichtes. Wählen Sie das Gewicht so, dass Sie bis zum Ende der Satzserie die Übung richtig ausführen können. Leider wird oft mit zu viel Gewicht und falsch geübt. Unwillkürlich werden Ausweichbewegungen gemacht, um den Bewegungsauftrag zu erfüllen. Daher: Üben Sie nicht selbstständig, sondern lassen Sie sich die Geräte und ihre korrekte Einstellung von einem Trainer oder Physiotherapeuten erklären und auch immer wieder von diesem kontrollieren.

Wegen der zahlreichen Geräte verschiedenster Typen und Hersteller können nur Trainingsempfehlungen abgegeben werden. Aber für alle Geräte gilt: Für die Rumpfstabilisierung und Koordination sollen Sie sich nie an die Geräte anlehnen.

Für Golfspieler steht die Kräftigung der oberen Extremität an erster Stelle – und hier vor allem die Muskeln des Schultergürtels und die Schultergelenkstabilisatoren.

Dazu sind folgende Geräte geeignet:

1. LAT PULLDOWN
2. PULL DOWN
3. PULL OVER
4. SEATED ROW/ ROW
5. SEILZUG

Golfspezifische Bewegungsabläufe können am besten am Seilzug trainiert werden. Dabei ist es wichtig, mit wenig Gewicht zu trainieren und das ideale Tempo zu finden. Die Übungen können Sie noch schwieriger gestalten und gleichzeitig Ihre Stabilität trainieren, wenn Sie sich zum Üben auf eine bewegliche Unterlage wie eine zusammengerollte Turnmatte, ein Sitzkissen, ein Schaukelbrett etc. stellen.

Die untere Extremität wird während der Golfsaison ausreichend auf der Golfrunde trainiert. Eine gute Ergänzung hierfür sind die BEIN-PRESSE und die KRÄFTIGUNG DER AB- und ADDUKTOREN (im Sitzen). Bei der Kräftigung der Bauch- und Rückenmuskulatur müssen Sie immer auf die Bewegungen in der Wirbelsäule achten. Die Hebel auf die Wirbelsäule sollten möglichst gering gehalten werden. So muss beim Trainieren am BACK EXTENSIONER die Bewegung aus dem Hüftgelenk kommen. Die Wirbelsäule wird während der Bewegung stabil gehalten und die Bauchmuskeln sind angespannt.

Nach dem konzentrierten Kraftprogramm müssten Sie jetzt die besten Voraussetzungen für das Golfspiel haben.

Zur Erinnerung, weil leider oft vergessen: Der volle Golfschwung ist eine relativ schnelle Bewegung, die ein gut koordiniertes Zusammenspiel der Muskeln verlangt. Um diese Ansprüche zu erfüllen, ist es wichtig, die für Golf benötigte Muskulatur gut aufzuwärmen, zu lockern und zu dehnen. Mit wenig Aufwand haben Sie viel Nutzen, denn eine aufgewärmte Muskulatur macht Sie leistungsfähiger, ist besser koordiniert, vermeidet unharmonische Bewegungsausführungen, schützt vor Überlastungsschmerzen und senkt die Verletzungsgefahr. Daher sollen Sie vorbeugend vor dem Training auf der Drivingranch und auch dazwischen auf der Runde immer wieder dehnen.

DEHN-ÜBUNGEN AUF DEM GOLFPLATZ

Damit Sie niemals einen kalten, verspannten Muskel dehnen, beginnt Ihr Übungsprogramm immer mit Aufwärm- und Lockerungsübungen. Erst wenn sich die Muskulatur locker und entspannt anfühlt, wird die zu trainierende Muskulatur gedehnt.

Aufwärmen

Die Aufwärmzeit sollte am Morgen länger als im Laufe des Tages sein und mindestens 10 Minuten betragen (optimal wären 15–30 Min.). Ältere Golfer müssen länger aufwärmen, da aufgrund altersphysiologischer Veränderungen die Verletzungsgefahr größer ist. Es gibt verschiedene Möglichkeiten, wie Sie sich aufwärmen und lockern können. Suchen Sie die für Sie angenehmste Variante. Beginnen Sie, indem Sie am Platz laufen, hüpfen oder springen. Machen Sie dabei gleichzeitig Lockerungsübungen für die obere Extremität, wie z.B. die Armbewegung vom Langlaufen oder locker nach vor, zur Seite und neben dem Kopf in die Höhe boxen.

Lockerung der Schultermuskulatur und Mobilisation des Schultergelenks

Die Arme hängen locker neben dem Körper und Sie beugen den Ellbogen. Dann ziehen Sie die Schultern leicht Richtung Ohr hoch und senken sie wieder. Am Ende der Schulterbewegung werden die Arme ca. 45° seitlich weggestreckt. Zuerst üben Sie die Bewegung isoliert – Schulter hoch, hinunter, Arme wegstrecken. Dann üben Sie rhythmisch mit fließendem Übergang weiter.

Sie lassen den Arm neben dem Körper herunterhängen. Sie stellen sich vor, Sie müssen etwas nach hinten schaufeln, bis Sie ein Ziehen spüren. Aus der Schaufelbewegung gehen Sie hoch und schieben die Handfläche hoch Richtung Decke. Zuerst die Bewegung einseitig üben, später beidseits – aber gegenläufig. (Siehe auch Seite 72.)

Lockerung der Unterarmmuskulatur und Finger

Diese Übungen sollten Sie vor der Golfrunde und auch immer wieder in den Wartezeiten während der Runde einplanen, denn eine angespannte Unterarmmuskulatur – meistens durch einen zu starken Griff verursacht – hindert Sie am lockeren Schlagen.

Um die Muskeln zu lockern, beugen Sie den rechten Ellbogen, und der Daumen schaut zur Decke. Mit der linken Hand umgreifen Sie von oben knapp unterhalb des Ellbogens die angespannte Muskulatur. Sie halten nun die Muskeln (und nur diese) fest und drehen den betroffenen Unterarm gegen den Widerstand des Muskels nach innen, bis Sie das Gefühl haben, dass die Muskeln locker sind.

Zum Lockern der Finger bringen Sie alle Finger Richtung Daumenballen. Sie beugen alle Finger und ziehen mit den Fingerkuppen durch die Handfläche, bevor Sie die Finger wieder strecken.

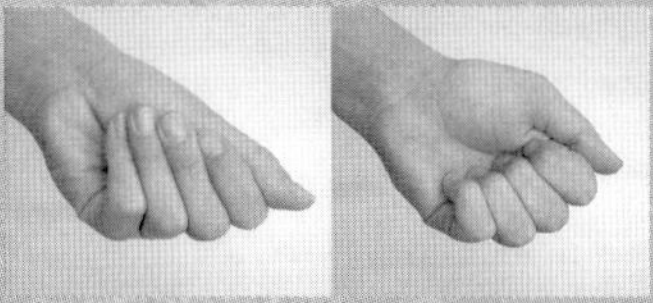

Dehnübungen für die obere Extremität, den Schultergürtel und den oberen Abschnitt der Wirbelsäule

1. Übung: *Sie greifen einen Schläger an seinen Enden und heben ihn hoch über den Kopf, bis Sie vorne bei der Schulter ein Ziehen spüren. So bleiben Sie, bis das Dehngefühl nachlässt, danach versuchen Sie, den Schläger langsam weiter nach hinten zu bringen und den Muskel mehr zu dehnen. Wieder so bleiben und dann langsam weiter dehnen, so lange, bis die gewünschte Dehnung erreicht ist.*

2. Übung: *Sie geben den Schläger in den Nacken. Durch abwechselndes Beugen und Strecken der beiden Ellbogen ziehen Sie den Schläger nach rechts bzw. links. Achten Sie dabei darauf, dass Sie den Kopf gerade halten und den Ellbogen ganz durchstrecken.*

3. Übung: Der Schläger wird mit gestreckten Ellbogen hochgehoben und direkt über dem Kopf versuchen Sie *den Schläger auseinanderzuziehen. Dann beugen Sie den Ellbogen, bis die Oberarme in Verlängerung der Schulter sind. Der Schläger befindet sich dabei weiterhin knapp über (und nicht hinter) dem Kopf. Immer den Zug beibehalten. Sie spüren ein Ziehen auf der Vorderseite der Schulter und ein Anspannen der Muskeln zwischen den Schulterblättern. Die Arme dürfen zittern. Den Ellbogen strecken und die Übung wiederholen, bis die Muskeln an der Vorderseite der Schulter locker sind. Während der Dehnung muss der Kopf aufgerichtet bleiben.*

4. Übung: *Sie halten den Schläger mit der rechten Hand am Griffende und bringen ihn in den Nacken, sodass der Schläger parallel zur Wirbelsäule hinunterhängt. Mit der linken Hand greifen Sie in der Höhe der Lendenwirbelsäule nach dem Schaft und strecken den linken Arm. Dabei ziehen Sie die rechte Hand Richtung Brustwirbelsäule, bis Sie ein Ziehen auf der Außenseite des rechten Oberarmes spüren. Diese Position halten Sie 90 Sek. und wechseln mit der linken Hand in den Nacken.*

5. Übung: *Sie geben jetzt den Schläger hinter den Körper und halten ihn mit beiden Händen waagrecht am Rücken. Die Daumen schauen zueinander. Den Ellbogen strecken, dabei wird der Schläger vom Rücken entfernt, bis Sie ein Ziehen im Bicepsbereich spüren. 90 Sek. in dieser Stellung bleiben.*

6.Übung: *Zur Lockerung der Finger geben Sie den Schläger senkrecht vor den Körper, umgreifen mit einer Hand den Griff und wandern den Schaft hinauf und hinunter.*

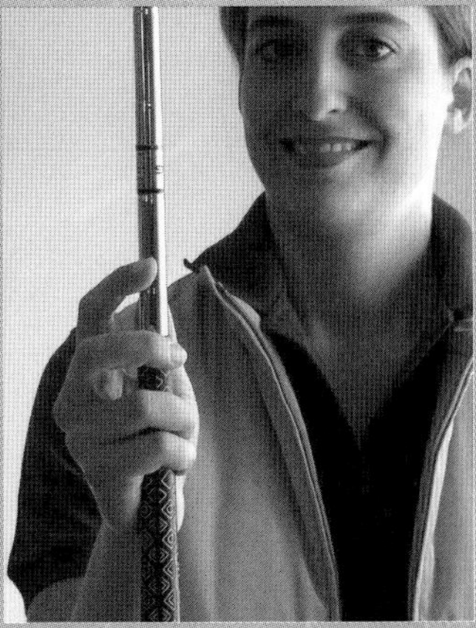

7. Übung: *Sie halten den Golfschläger über dem Griffende waagrecht vor dem Körper und drehen ihn dann langsam so, dass Sie einmal auf den Handrücken und dann auf die geschlossene Faust schauen. Sie üben zuerst langsam kleinere Ausschläge, und zwar einmal zwischen 9 und 10 Uhr (5 x), und dann zwischen 2 und 3 Uhr (auch 5 x). Um die Wirkung zu verstärken, wandern Sie mit den Fingern immer mehr gegen Griffende. Zum Schluss wiederholen Sie, zur Beweglichkeitsverbesserung des Unterarms, die Drehübung wie oben beschrieben, diesmal aber nicht langsam, sondern im Sekundenrhythmus.*

8. Übung: *Sie nehmen einen schweren Schläger in eine Hand und halten ihn in normaler Ansprechposition vor dem Körper auf dem Boden. Die Finger halten den Schläger und der Daumen liegt oben drauf. Durch Abwinkeln des Handgelenks wird der Schläger gehoben – bis der Schlägerkopf über der Hand ist und zum Himmel zeigt – und anschließend wieder zurück in die Ausgangsposition gesenkt. Nach fünf Wiederholungen die Hand wechseln. Für einen guten Griff sollten Sie diese Übung unbedingt auch mit beiden Händen machen.*

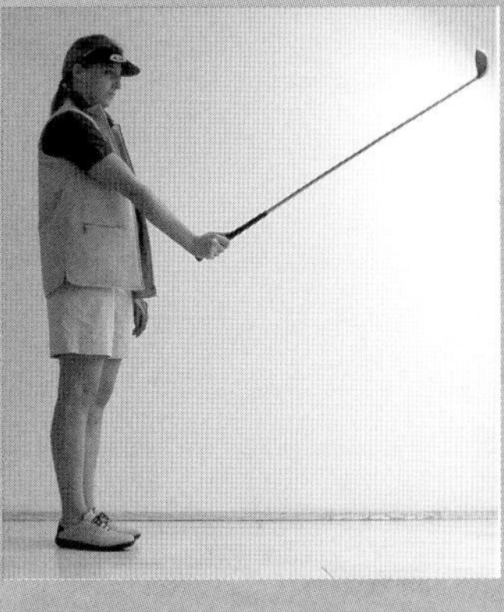

Dehnübungen für die untere Extremität und die Wirbelsäule

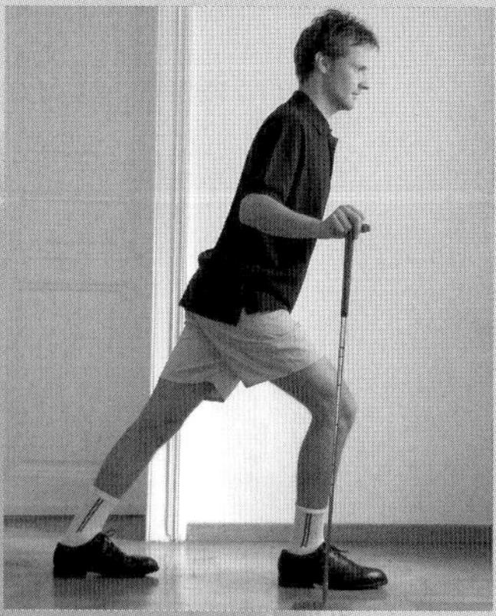

1. Übung: *Sie stützen sich mit einer Hand auf den seitlich von Ihnen gestellten Schläger. Das linke Bein stellen Sie ca. 60 cm nach hinten, wobei die Zehenspitze gerade nach vor zeigt, und das rechte Knie wird gebeugt. Nun verlagern Sie mit geradem Rücken das Gewicht auf das vordere Bein und drücken die hintere Ferse behutsam zum Boden, bis Sie ein leichtes Ziehen in der Wade spüren. So bleiben Sie 90 Sek., bevor Sie in die Ausgangsposition zurückgehen und die Wadenmuskulatur auf der rechten Seite dehnen.*

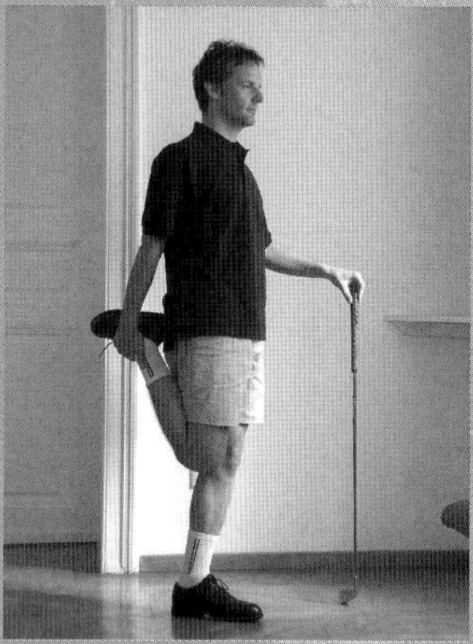

2. Übung: *Um das Gleichgewicht besser halten zu können, stützen Sie sich mit einer Hand auf dem aufgestellten Schläger ab. Die andere Hand umgreift den Fuß beim Sprunggelenk, bringt die Ferse Richtung Gesäß, ohne ein Hohlkreuz zu machen, und zieht dann den Oberschenkel nach hinten, bis Sie auf der Oberschenkelvorderseite ein Ziehen spüren. 90 Sek. halten.*

3. Übung: *Sie stützen sich auf den vor Ihrer Mitte aufgestellten Golfschläger. Die Beine sind gegrätscht und die Vorfüße leicht nach außen gedreht. Verlagern Sie das Gewicht auf die rechte Seite, indem Sie das Knie beugen und etwas nach vor schieben, bis Sie auf der Innenseite des linken Beines die Dehnung spüren. Diese halten (90 Sek.), bevor Sie das Gewicht auf die linke Seite verlagern.*

4. Übung: *Sie stützen sich mit beiden Händen auf den aufgestellten Golfschläger. Die Beine sind gegrätscht und Sie versuchen die Wirbelsäule zu strecken, indem Sie sich lang machen. Diese Dehnung sollten Sie in der Lendenwirbelsäule und auf der Rückseite der Beine spüren.*

	DEHNEN	
Präventiv:	5 – 10 Sek. halten	2 x je Seite
Bei Irritation:	30 – 90 Sek. halten	3 x je Seite

5. Übung: *Aus der Position der 4. Übung stellen Sie den Schläger weit nach rechts, bis Sie ein Ziehen in der linken seitlichen Rumpfmuskulatur spüren. Diese Stellung halten Sie 90 Sek. und stellen dann den Schläger auf die linke Seite, um die rechte Seite zu dehnen.*

Vorsicht beim Aufrichten! *Um die Lendenwirbelsäule zu schonen, drücken Sie sich mit den Händen vom Schläger hoch.*

6. Übung: *Sie halten in beiden Händen den Schläger, jeweils am Ende, waagrecht vor dem Körper. Dann bringen Sie den Schläger über den Kopf und neigen dann den Oberkörper langsam nach rechts, bis Sie auf der linken Seite ein Ziehen spüren. 90 Sek. halten und langsam auf die linke Seite wechseln und dort 90 Sek. halten.*

7. Übung: *Sie geben den Schläger in den Nacken und drehen langsam den Oberkörper so weit als möglich nach rechts, bis Sie ein Spannungsgefühl im Rücken spüren. Dort bleiben Sie 90 Sek., bevor Sie so weit als möglich nach links drehen und sich dort auf Ihre Rückendehnung konzentrieren. Bei der nächsten Drehung versuchen Sie am Ende der Drehbewegung mit der Ausatmung langsam noch ein klein wenig weiter zu drehen.*

Nach einigen Probeschwüngen ohne Ball können Sie jetzt mit Ihrem Training auf der Drivingranch beginnen.

Dehnübungen für die Hüftmuskulatur

Es bleiben noch 2 wichtige Dehnübungen für die Hüftmuskulatur, die durch das viele Sitzen im Alltag ständig verkürzt wird. Auch auf dem Golfplatz stehen Sie die meiste Zeit mit vorgeneigtem Oberkörper da und beanspruchen meist nur die verkürzten Hüftbeuger.

1. Übung: *Sie stellen einen Fuß mit der Ferse auf eine Bank (Stufe, schiefe Ebene). Der Vorfuß bleibt locker, Sie neigen den Oberkörper mit geradem Rücken nach vor und strecken gleichzeitig das Kniegelenk, bis Sie ein Ziehen auf der Rückseite des Oberschenkels bis maximal zur Kniekehle spüren. So bleiben Sie 90 Sek. – Sind Sie sich nicht sicher, ob Ihr Rücken gerade ist, greifen Sie zur Kontrolle auf die Lendenwirbelsäule. Ihr Rücken ist gerade, wenn Sie eine Rille spüren.*

2. Übung: *Sie bleiben mit dem Fuß auf der Bank. Mit dem anderen Fuß machen Sie einen großen Schritt nach rückwärts (so weit als möglich, bis die Hüfte ordentlich gestreckt ist). Sie legen zur Beckenkontrolle die Hände auf das Becken. Das Becken darf nicht drehen, es wird gerade nach vorne unten geschoben. Der Oberkörper bleibt aufrecht. Um noch mehr Dehnung zu erreichen, drehen Sie die Zehenspitzen des Standbeines nach innen und bleiben so 90 Sek.*

Für die beiden Übungen brauchen Sie zum Abstützen eines Fußes eine Bank, einen Sessel, eine Stufe oder eine schiefe Ebene. Da diese Voraussetzungen auf der Drivingranch oft nicht gegeben sind, können Sie die Dehnübungen nach Aufwärmübungen in der Garderobe, vor dem 1. Abschlag und später, immer wieder, auf der Runde machen. Vor allem bei unfreundlichem Wetter sollten Sie darauf achten, dass die Muskulatur aufgewärmt und locker ist. Eine schnelle Erwärmung für die untere Extremität erreichen Sie, indem Sie schnell am Platz trippeln. Der Vorfuß bleibt am Boden, nur die Fersen werden ganz schnell abgehoben.

NEHMEN SIE SICH AM GOLFPLATZ MINDESTENS 10 MINUTEN ZEIT ZUM AUFWÄRMEN.

Zum Aufwärmen 20 Sek. am Platz trippeln. Dabei bleiben Sie mit den Vorfüßen am Boden, nur die Fersen werden abwechselnd ganz schnell gehoben. Dazu bewegen Sie auch die Arme mit, indem Sie sie zunächst locker neben dem Körper hängen lassen und dann den Ellbogen beugen und die Hände zu Fäusten ballen. Sie können auch kleine Sprünge am Platz machen.

Für die obere Extremität:

1. Die Arme hängen locker neben dem Körper, der Ellbogen wird gebeugt. Die Schultern leicht Richtung Ohr hochziehen, wieder senken. Am Ende der Schulterbewegung die Arme ca. 45° seitlich wegstrecken. Schulter hoch, herunter, Arme weg. Rhythmisch mit fließendem Übergang 5 x.

2. Aus der Schaufelbewegung gehen Sie hoch und schieben die Handfläche hoch Richtung Decke. Gegengleich, bei Einschränkungen 5 x auf jeder Seite, sonst 3 x.

Nun nehmen Sie den Schläger in beide Hände vor dem Körper.

1. Sie heben mit gestreckten Ellbogen den Schläger so weit als möglich über den Kopf hoch. 5 x, aber nach 2 x versuchen Sie langsam und kontrolliert etwas über die erreichte Dehnung zu gehen.

2. Der Schläger bleibt über dem Kopf. Sie halten die Spannung, während Sie den Oberkörper langsam nach links neigen, bis Sie auf der rechten Seite ein Ziehen spüren. Position halten und zur anderen Seite wechseln. 3 x auf jeder Seite.

3. Sie geben den Schläger in den Nacken und drehen den Oberkörper mit leicht gebeugten Knien nach links und rechts. Langsam den Bewegungsradius vergrößern. Nach 10 x sollte die volle Drehung erreicht sein.

4. Der Schläger wird über den Kopf gehoben, und Sie versuchen, den Schläger auseinanderzuziehen. Unter Beibehaltung der Spannung beugen Sie das Ellbogengelenk, bis Sie mit den Oberarmen in Verlängerung der Schulter kommen. 3 x wiederholen.

5. Sie stützen sich mit beiden Händen auf den vor Ihnen aufgestellten Golfschläger. Die Beine sind gegrätscht, und Sie versuchen die Wirbelsäule zu strecken, indem Sie sich lang machen. Diese Dehnung sollten Sie in der Lendenwirbelsäule und auf der Rückseite der Beine spüren. 20 Sek. in der Dehnung halten.

6. Den Schläger zuerst auf die rechte Seite stellen und in dieser Stellung dehnen, dann auf die linke. Jede Seite 3 x. Vorsicht beim Aufrichten! Um Ihre Lendenwirbelsäule zu schonen, drücken Sie sich mit den Händen vom Schläger hoch.

7. Sie stellen einen Fuß auf eine Bank oder Stufe. Das Hüft- und Kniegelenk wird dabei gebeugt. Geben Sie die Hände auf das Becken (der Ellbogen dient als Zeiger der Beckenbewegung) und bringen Sie das Becken vor. 20 Sek. halten und Seite wechseln.

8. Der Fuß bleibt auf der Bank (Stufe), das Kniegelenk wird nur leicht gebeugt. Sie bringen den geraden Oberkörper vor, bis Sie einen Zug auf der Rückseite des Oberschenkels oder in der Kniekehle spüren, und gehen wieder in die Ausgangsposition zurück. 10 x rhythmisch vor und zurück bewegen, dann 1 x statisch 20 Sek. halten und Seite wechseln.

Jetzt können Sie gut aufgewärmt mit den Probeschwüngen beginnen – und sich auf den ersten Abschlag freuen.

6. Den Schläger zuerst auf die rechte Seite stellen und in dieser Stellung dehnen, dann auf die linke. Jede Seite 3 x. Vorsicht beim Aufrichten! Um Ihre Lendenwirbelsäule zu schonen, drücken Sie sich mit den Händen vom Schläger hoch.

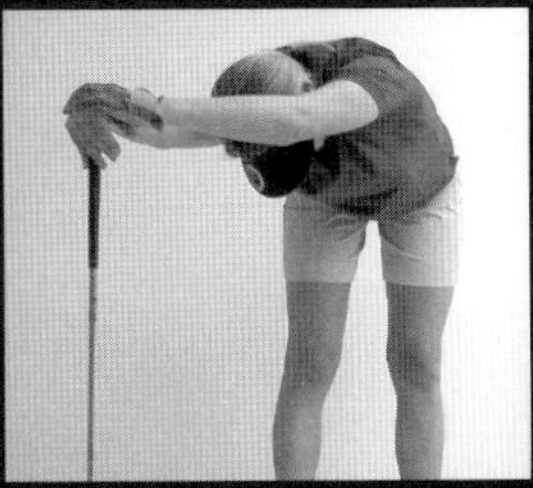

7. Sie stellen einen Fuß auf eine Bank oder Stufe. Das Hüft- und Kniegelenk wird dabei gebeugt. Geben Sie die Hände auf das Becken (der Ellbogen dient als Zeiger der Beckenbewegung) und bringen Sie das Becken vor. 20 Sek. halten und Seite wechseln.

8. Der Fuß bleibt auf der Bank (Stufe), das Kniegelenk wird nur leicht gebeugt. Sie bringen den geraden Oberkörper vor, bis Sie einen Zug auf der Rückseite des Oberschenkels oder in der Kniekehle spüren, und gehen wieder in die Ausgangsposition zurück. 10 x rhythmisch vor und zurück bewegen, dann 1 x statisch 20 Sek. halten und Seite wechseln.

Jetzt können Sie gut aufgewärmt mit den Probeschwüngen beginnen – und sich auf den ersten Abschlag freuen.